Nachbarrechtsfibel für Niedersachsen

Einführung für Grundeigentümer
in das Niedersächsische Nachbarrecht
mit einem Anhang
der wichtigsten Rechtsvorschriften

begründet von
Dr. Clemens Korff

9., überarbeitete Auflage von

Friedrich-Wilhelm Warnecke
Vorsitzender und Geschäftsführer des
Landesverbandes Haus & Grund
Niedersachsen e. V.

Deutscher Gemeindeverlag

Die Deutsche Bibliothek – CIP-Einheitsaufnahme

Korff, Clemens:
Nachbarrechtsfibel für Niedersachsen : Einführung für Grundeigentümer in das Niedersächsische Nachbarrecht; mit einem Anhang der wichtigsten Rechtsvorschriften / begr. von Clemens Korff. – 9., überarb. Aufl. / von Friedrich-Wilhelm Warnecke. – Hannover: Dt. Gemeindeverl., 1996
ISBN 3-555-20249-9
NE: Warnecke, Friedrich-Wilhelm [Bearb.]

1996
9., überarbeitete und erweiterte Auflage – erstmals 1968
Deutscher Gemeindeverlag GmbH
Verlagsort: 30014 Hannover, Postfach 14 65
Gesamtherstellung Deutscher Gemeindeverlag GmbH Hannover

Buch-Nr. G 03/1

VORWORT

zur 9. Auflage

Im Zuge des Sachenrechtsänderungsgesetzes vom 21. September 1994 ist auch die Vorschrift des § 906 BGB („Zuführung unwägbarer Stoffe") durch Einfügen der Sätze 2 und 3 in den Abs. 1 geändert worden. Damit hat der Gesetzgeber klargestellt, daß eine unwesentliche, also vom Nachbarn hinzunehmende Beeinträchtigung in der Regel dann vorliegt, wenn die in Gesetzen, Rechtsverordnungen oder allgemeinen Verwaltungsvorschriften festgelegten Grenz- oder Richtwerte nicht überschritten werden. In der Vergangenheit war von einigen Gerichten die Anwendbarkeit des öffentlichen Immissionsschutzrechts im Rahmen zivilrechtlicher Nachbarstreitigkeiten verneint worden. Die dadurch aufgetretene Rechtsunsicherheit hat der Gesetzgeber beseitigt, indem er nunmehr die Verwaltungsvorschriften, die nach § 48 des Bundes-Immissionsschutzgesetzes erlassen worden sind und den Stand der Technik wiedergeben, ausdrücklich auf das zivilrechtliche Nachbarschaftsverhältnis angewendet wissen will.

Das Bundes-Immissionsschutzgesetz wurde durch Gesetz vom 19. Juli 1995 ebenso geändert und aktualisiert wie die Niedersächsische Bauordnung durch das Siebente Gesetz vom 15. Juni 1995 und das Änderungsgesetz vom 28. Mai 1996.

Hannover, im Juli 1996 Friedrich-Wilhelm Warnecke

VORWORT

zur 8. Auflage

Dr. Clemens Korff, der dieses Werk begründete und bis zur 6. Auflage betreut hat, war aus gesundheitlichen Gründen gezwungen, die Bearbeitung zur vorigen Auflage niederzulegen. Ich habe auf seinen Wunsch hin die 7. Auflage be- und überarbeitet sowie erweitert. Gern habe ich die verantwortungsvolle Aufgabe übernommen, das Werk eines so hervorragenden Kenners des Nachbarrechts fortzusetzen.

Vorwort

Seit dem Erscheinen der letzten Auflage sind nur etwas mehr als zwei Jahre verflossen. Gleichwohl hat sich die Rechtsprechung in diesem kurzen Zeitraum besonders intensiv der Fragen zur Lärmbeeinträchtigung angenommen, so daß schon deswegen eine Überarbeitung der 7. Auflage erforderlich wurde. Der Gesetzgeber führte einige Änderungen im Bereich des Nachbarrechts herbei, insbesondere durch die Änderung der Achten Verordnung zur Durchführung des Bundesimmissionsschutzgesetzes, kurz Rasenmäher-Verordnung genannt. Diese ist am 13. Juli 1992 in Kraft getreten.

Es steht zu erwarten, daß in der näheren Zukunft die Umweltschutzvorschriften noch stärker als bisher das Nachbarrecht überlagern werden. Schon heute versagt der nachbarrechtliche Anspruch auf das Zurückschneiden überhängender Äste und Zweige, wenn der Baum ein Naturdenkmal ist oder durch eine Ortssatzung unter Schutz gestellt wurde.

Hannover, im Juli 1993 Friedrich-Wilhelm Warnecke

VORWORT

zur 1. und 2. Auflage

Wohl jeder Grundeigentümer wird sich früher oder später einmal mit Fragen des Nachbarrechts befassen müssen, sei es, daß er die Grenzen seiner eigenen Rechte und Ansprüche gegenüber seinen Nachbarn wissen will, sei es, daß er sich gegen vermeintliche oder echte Übergriffe seiner Nachbarn zur Wehr setzen will. Kaum ein Ereignis hat daher in Kreisen des Haus- und Grundbesitzes soviel Widerhall gefunden wie die Neuregelung des Nachbarrechts, zu der sich nach Hessen und Baden-Württemberg jetzt auch Niedersachsen entschlossen hat.

Dieses Buch soll dem Hausbesitzer und Grundeigentümer eine Einführung in das neue Recht bieten. Es ist für Laien geschrieben, die sich über den Umgang ihrer Rechte und über die Grundbegriffe des Nachbarrechts unterrichten wollen. Es will und soll zur juristischen Diskussion über umstrittene Fragen des Nachbarrechts nichts beitragen, es soll vielmehr eine Fibel im wahrsten Sinne des Wortes sein, die dem Nichtfachmann eine Orientierung in großen Zügen vermittelt. Deshalb beschränkt sich die

Darstellung auch nicht auf eine Erklärung des Niedersächsischen Nachbarrechtsgesetzes, sondern erörtert in großen Zügen auch die nachbarrechtlichen Vorschriften des Bürgerlichen Gesetzbuchs und bespricht, über das eigentliche Nachbarrecht hinausgreifend, auch diejenigen öffentlich-rechtlichen Bestimmungen des Baurechts, Wasserrechts, Straßenrechts und verwandter Gebiete, die einen nachbarrechtlichen Einschlag haben.

Dabei ergab sich eine gewisse Schwierigkeit: während das Niedersächsische Nachbarrechtsgesetz juristisches Neuland ist und die Darstellung dort eng am Gesetzestext haften mußte, ist zu den nachbarrechtlichen Bestimmungen des BGB und zum baurechtlichen Nachbarrecht so viel geschrieben und geurteilt worden, daß hier nur eine zusammenfassende Übersicht der Grundlinien geboten werden konnte, um den Leser nicht im Detail ersticken zu lassen. Ich bin mir bewußt, daß die Arbeit infolgedessen gewisse Unebenheiten aufweist, hoffe aber, daß mir dieser Mangel im Interesse der Sache verziehen wird.

Die beigefügten Gesetzestexte sollen dem Leser die allgemeinen Ausführungen verdeutlichen. Auf Paragraphenhinweise habe ich im Interesse der besseren Lesbarkeit verzichtet. Dafür sind im Inhaltsverzeichnis die Paragraphen angegeben, auf die sich die Darstellung bezieht.

Im übrigen kann nur jedem Grundeigentümer empfohlen werden, bei ernsthaften Auseinandersetzungen und Streitigkeiten nachbarlicher Art rechtzeitig den Rat und die Hilfe eines Anwalts, eines Haus- und Grundbesitzervereins oder einer sonstigen sachkundigen Stelle in Anspruch zu nehmen.

Dr. Clemens Korff

INHALTSVERZEICHNIS

LITERATURHINWEISE

Bassenge/Ollivet, Nachbarrecht in Schleswig-Holstein, Kommentar, 8. Auflage, Deutscher Gemeindeverlag, 1988

Blumenbach/Groschupf, Kommentar zur Niedersächsischen Bauordnung Richard Boorberg Verlag GmbH & Co, Stuttgart, München, Hannover, 1977

Bundesimmissionsschutzgesetz mit Durchführungsverordnungen sowie TA-Luft und TA-Lärm, 6. Auflage, Deutscher Fachschriftenverlag Braun GmbH & Co KG, Wiesbaden, 1988

Dehner, Nachbarrecht im Bundesgebiet (ohne Bayern) Kommentar 6., verbesserte und vermehrte Auflage, München 1982, J. Schweitzer-Verlag

Grosse-Suchsdorf/Schmaltz/Wiechert, Niedersächsische Bauordnung, Niedersächsisches Denkmalschutzgesetz, Kommentar, 5. Auflage, 1992 Curt R. Vincentz Verlag, Hannover

Lehmann, Kommentar zum Niedersächsischen Nachbarrechtsgesetz und zum Nachbarrecht des BGB, 3. Auflage, Verlag Otto Schwartz & Co, Göttingen, 1978

Münchener Kommentar zum Bürgerlichen Gesetzbuch, Band 4, Sachenrecht (§§ 854 bis 1296) Wohnungseigentumsgesetz, Erbbaurechtsverordnung, Redakteur Friedrich Quack, 2. Auflage, C. H. Beck'sche Verlagsbuchhandlung, München, 1986

Palandt, Bürgerliches Gesetzbuch, Kurzkommentar, 52. Auflage, 1993

Pfeifer, Lärmstörungen, Gutachten und Lärm-Lexikon, 6. Auflage, Herausgeber: Haus & Grund Deutschland, Verlag Deutsche Wohnungswirtschaft, Düsseldorf 1992

Ullrich, Nachbarrechtliche Streitfragen, Sammlung nachbarrechtlicher Bestimmungen, Luchterhand Verlag, Neuwied und Darmstadt, 1981

ABKÜRZUNGSVERZEICHNIS

a. A.	anderer Ansicht
Abs.	Absatz
AG	Amtsgericht
ALR	Allgemeines Landrecht für die preußischen Staaten vom 5. 2. 1784
Anm.	Anmerkung
Art.	Artikel
BauGB	Baugesetzbuch
BauNVO	Verordnung über die bauliche Nutzung der Grundstücke (Baunutzungsverordnung)
BGB	Bürgerliches Gesetzbuch
BGBl.	Bundesgesetzblatt
BGH	Bundesgerichtshof
BImSchG	Gesetz zum Schutz vor schädlichen Umwelteinwirkungen durch Luftverunreinigung, Geräusche, Erschütterungen und ähnliche Vorgänge (Bundes-Immissionsschutzgesetz)
BImSchVO	Verordnung zur Durchführung des Bundesimmissionsschutzgesetzes
BVerwG	Bundesverwaltungsgericht
DVNBauO	Allgemeine Durchführungsverordnung zur Niedersächsischen Bauordnung
DWE	Der Wohnungseigentümer
DWW	Deutsche Wohnungswirtschaft
EGBGB	Einführungsgesetz zum Bürgerlichen Gesetzbuch
FernStrG	Bundesfernstraßengesetz
ff.	folgende
Fn	Fußnote
GEB	Gesetz für Eisenbahnen und Bergbahnen
GG	Grundgesetz für die Bundesrepublik Deutschland
Hbg GrundE	Hamburger Grundeigentum
i. d. F.	in der Fassung
LG	Landgericht
MDR	Monatsschrift für Deutsches Recht
NBauO	Niedersächsische Bauordnung

NdsGVBl.	Niedersächsisches Gesetz- und Verordnungsblatt
NdsNachbarG	Niedersächsisches Nachbarrechtsgesetz
NdsRpfl	Niedersächsische Rechtspflege
NJW	Neue Juristische Wochenschrift
NJW-RR	NJW-Rechtsprechungs-Report Zivilrecht
Nr.	Nummer
NStrG	Niedersächsisches Straßengesetz
NWG	Niedersächsisches Wassergesetz
OLG	Oberlandesgericht
OVG	Oberverwaltungsgericht
Rdz	Randziffer
RG	Reichsgericht
RGBl.	Reichsgesetzblatt
s. a.	siehe auch
s. S.	siehe Seite
VG	Verwaltungsgericht
vgl.	vergleiche
WEG	Gesetz über Wohnungseigentum und Dauerwohnrecht (Wohnungseigentumsgesetz)
Ziff.	Ziffer
ZMR	Zeitschrift für Miet- und Raumrecht
z. T.	zum Teil

EINLEITUNG

Am 1. Januar 1968 trat in Niedersachsen ein neues Nachbarrechtsgesetz in Kraft. Damit war Niedersachsen nach Baden-Württemberg und Hessen das dritte Bundesland, das die vom Bürgerlichen Gesetzbuch nicht geregelten Gebiete des Nachbarrechts neu geordnet hat.

Es ist kein Zufall, daß gerade jetzt den nachbarrechtlichen Beziehungen eine erhöhte Aufmerksamkeit geschenkt wird. Die Raumenge, die wieder anwachsende Bevölkerung, steigende Bau- und Bodenpreise und die Tendenz zur Aufteilung größerer Grundstücksflächen mit sich gebracht haben, verstärken den Wunsch, das eigene Stück Land auch voll ausnutzen zu können.

Vor Inkrafttreten des Nds. NachbarG bestand eine allgemeine Rechtsunsicherheit. Der Gesetzgeber des BGB hatte nur wenige Fragen des Nachbarrechts geregelt, im übrigen aber die bestehenden landesrechtlichen Vorschriften unberührt gelassen. Veranlassung dazu war wohl die damals, im Jahre 1900, noch bestehende größere Bodenständigkeit der Bevölkerung. Die teilweise altüberlieferten Rechtssätze waren noch im Bewußtsein des Volkes wurzelndes Allgemeingut.

Zwei verlorene Kriege mit der von ihnen verursachten Binnenwanderung größten Ausmaßes haben dieses Rechtsbewußtsein zerstört. Die Neubürger brachten aus ihren früheren Heimatgebieten das dort geltende Nachbarrecht als festen Bestandteil ihrer Rechtsanschauungen mit. Daraus erwuchsen zwangsläufig Konflikte, die zu kostspieligen Rechtsstreitigkeiten und verlorenen Prozessen führen mußten.

Praktisch bestand in weiten Gebieten des heutigen Landes Niedersachsen, nachbarrechtlich gesehen, ein juristisches Vakuum. Obwohl die den größten Teil Niedersachsens bildende frühere Provinz Hannover ein Teil Preußens war, war dort das Preußische Allgemeine Landrecht nie eingeführt worden. Soweit altüberlieferte, nachbarrechtliche Beschränkungen aufgrund alten Landesrechts bestanden hatten, waren sie durch das Preußische Gesetz über die Aufhebung privatrechtlicher Baubeschränkungen in der Provinz Hannover vom 28. 7. 1926 beseitigt worden.

In Braunschweig galten einzelne nachbarrechtliche Vorschriften der Braunschweigischen Landesbauordnung vom 13. 3. 1899, im Kreise

Grafschaft Schaumburg Vorschriften der Kurhessischen Bauordnung vom 9. 1. 1784, in Ostfriesland und in Lingen das Preußische ALR vom 5. 2. 1794. Im übrigen Teil der früheren Provinz Hannover, in Oldenburg und im Kreise Schaumburg-Lippe galt das Gemeine Recht, ein auf römische Rechtsquellen zurückgehendes, nicht kodifiziertes Recht, das in nachbarrechtlicher Hinsicht wenig ergiebig war.

Mit dem neuen Nds. NachbarG ist diese Lücke geschlossen. Gleichzeitig sind damit die aufgeführten alten landesrechtlichen Vorschriften sowie die dem neuen Recht widersprechenden nachbarrechtlichen Bestimmungen in Rezessen und Flurbereinigungsplänen sowie überhaupt alles dem neuen Gesetz widersprechende Recht außer Kraft gesetzt worden.

Bestehen geblieben sind dagegen die nachbarrechtlichen Vorschriften des BGB, die der Landesgesetzgeber ja auch nicht beseitigen sondern nur ergänzen konnte[1)]. Sie müssen daher bei einer Betrachtung des „Nachbarrechts" allgemein mit berücksichtigt werden.

Bestehen geblieben sind auch etwaige, vom neuen Recht abweichende vertragliche Vereinbarungen, wie denn überhaupt das eigentliche Nachbarrecht als Zweig des bürgerlichen Rechts nachgiebiges Recht ist, das durch vertragliche Vereinbarungen außer Kraft gesetzt werden kann bzw. abweichende Regelungen zuläßt. Von dieser Möglichkeit sollte gerade zwischen Nachbarn im Interesse des Rechtsfriedens weitgehend Gebrauch gemacht werden. Nur das nachstehend noch mitbehandelte öffentliche Recht nachbarrechtlichen Charakters ist zwingendes Recht und läßt abweichende Vertragsregelungen nicht zu.

Diese öffentlich-rechtlichen Normen, insbesondere die des Baurechts, sind im eigentlichen Sinne kein „Nachbarrecht". Bürgerlich-rechtliches Nachbarrecht verschafft einem Grundeigentümer Rechtsansprüche gegenüber seinem Nachbarn, die er notfalls im Wege einer zivilrechtlichen Klage vor dem ordentlichen Gericht durchsetzen muß.

Im öffentlichen Recht tritt der Staat, die Gemeinde, ein Gemeindeverband, eine öffentlich-rechtliche Körperschaft dem Bürger als Hoheitsträger gegenüber. Die Träger der öffentlichen Verwaltung nehmen das öffentliche Interesse gegenüber dem Einzelnen wahr und setzen es mit öffentlich-rechtlichen Mitteln wie Genehmigung, Untersagung oder Heranziehungs-

1) Art. 124 EGBGB

bescheid im Wege des Verwaltungszwanges gegenüber dem einzelnen Bürger als Pflichtigem durch. Verletzt die Behörde dabei die gesetzlich gewährleisteten Rechte des Bürgers oder überschreitet sie ihre Befugnisse, so kann der Bürger im modernen Verfassungsstaat sich dagegen mit den Mitteln des Verwaltungsstreitverfahrens, der Klage vor den Verwaltungsgerichten wehren. Niemals kann aber der Bürger unmittelbar gegen einen anderen Bürger auf Einhaltung öffentlich-rechtlicher Vorschriften klagen.

Dafür nur ein typisches Bespiel aus dem Baurecht: Bestehen nachbarrechtliche Vorschriften über Einhaltung bestimmter Gebäudeabstände von der Grenze oder den Gebäuden eines Grundeigentümers, so kann dieser die Einhaltung dieser Abstände unmittelbar vom Nachbarn verlangen und diesen Anspruch im Wege einer einstweiligen Verfügung oder einer Klage vor den ordentlichen Gerichten geltend machen.

Bestehen dagegen öffentlich-rechtliche Vorschriften der Bauordnung über Einhaltung von Grenzabständen für Gebäude, so binden sie in erster Linie die Behörde, die in diesem Bereich bauliche Maßnahmen nicht gestatten darf. Der Nachbar, der sich durch Verletzung dieser Grenzabstände beeinträchtigt fühlt, muß sich an die Behörde wenden und, wenn diese ein Einschreiten ablehnt oder den Zustand durch Genehmigung sogar legalisiert, im Wege des Verwaltungsstreitverfahrens gegen die Behörde sein Recht vor den Verwaltungsgerichten suchen, nicht aber unmittelbar gegen den Nachbarn vorgehen. (Siehe dazu auch 5. Kapitel.) Der Bürger hat aber in Wahrnehmung eines subjektiven öffentlichen Rechts Anspruch gegen den Träger der öffentlichen Gewalt, die Vornahme oder Unterlassung einer bestimmten Handlung zu verlangen.

Nachbarrecht ist also das im Verhältnis der Nachbarn zueinander geltende Recht. Dabei ist unter „Nachbarn", jedenfalls im Bereich des Nds. NachbarG nur der Eigentümer und der Erbbauberechtigte eines Grundstücks zu verstehen. Wo ausnahmsweise auch Nutzungsberechtigte wie etwa Mieter, Pächter nachbarrechtliche Rechte und Pflichten haben, ist das jeweils ausdrücklich gesagt.

Inwieweit rein lagemäßig der Begriff „Nachbar" sich auf den unmittelbaren Grenznachbarn beschränkt oder auch entfernter wohnende Personen umfaßt, ergibt sich aus Art und Sinn der einzelnen Vorschriften. Ansprüche auf Einhaltung von Grenzabständen kann nur der unmittelbar angrenzende Nachbar, solche des Immissionsschutzes auch der entfernter wohnende „Nachbar“ geltend machen.

1. KAPITEL: Von der Grenze und der Grenzmarkierung (§§ 905, 919, 920 BGB)

Grundlage aller nachbarrechtlichen Fragen und Ansprüche ist die Grenze. Innerhalb der Grenzen seines Grundstücks kann der Eigentümer grundsätzlich tun und lassen, was er will, soweit nicht das Gesetz oder Rechte Dritter diesem Recht entgegenstehen. Wer also glaubt, seinen Nachbarn in der Benutzung seines Grundstücks irgendwie beschränken zu können, oder auf das Grundstück seines Nachbarn einwirken zu dürfen, muß sich stets auf eine gesetzliche oder vertragliche Vorschrift berufen können. Nur im Notstandsfall kann man auch ohne besondere gesetzliche oder vertragliche Legitimation auf ein fremdes Grundstück einwirken.

Dem Grundstückseigentümer gehört nicht nur die Erdoberfläche innerhalb der Grenzen seines Grundstücks, vielmehr erstreckt sich sein Eigentumsrecht auf den Luftraum über der Erdoberfläche und den Erdkörper unter der Oberfläche mit der Folge, daß er auch insoweit Einwirkungen Dritter verbieten kann. Um Mißbrauch zu verhindern, bestimmt das Gesetz allerdings ausdrücklich, daß Einwirkungen nicht verboten werden können, die in so großer Höhe oder Tiefe vor sich gehen, daß der Eigentümer an der Ausschließung kein Interesse hat. Bergbau und Luftverkehr sind in Spezialgesetzen geregelt: Danach kann etwa das Überfliegen mit zugelassenen Luftfahrzeugen nicht verhindert werden.

Die Grenze ist eine gedachte Linie in der Natur, die den Teil der Erdoberfläche bestimmt, der dem Eigentümer zusteht. Ihr Verlauf ist im allgemeinen durch Grenzzeichen markiert. Es kann vorkommen, daß Grenzzeichen verloren gehen, verschoben oder unkenntlich werden. Dann hat jeder der beiden angrenzenden Eigentümer dem Nachbarn gegenüber einen Rechtsanspruch darauf, an der Wiederherstellung der Grenzmarkierung mitzuwirken. Die Kosten treffen jeden Nachbarn zur Hälfte, sofern sich nicht ein Verschulden eines der beiden Nachbarn an der Beseitigung der Grenzmarkierung feststellen läßt.

Maßgebend für die Wiederherstellung der Grundstücksgrenzen sind die Eintragungen in den Flurkarten der Katasterämter. Oft wird erst nach vielen Jahren festgestellt, daß die von zwei Nachbarn als unstreitig angesehene Grenze in der Natur anders verläuft als die sich aus den Katasterplänen ergebende Grenze. Dann muß auch in der Natur die Grenze dem Kataster entsprechend neu vermessen werden.

Versagt auch das Kataster, weil seine Eintragungen nicht einwandfrei oder vollständig sind, dann hat das Gericht auf Grund des tatsächlichen Besitzstandes oder, wenn auch dieser streitig ist, nach Billigkeit unter Berücksichtigung aller Umstände die Grenze zu ziehen, die dann auf Kosten beider Parteien in der Natur durch entsprechende Grenzzeichen zu markieren ist. Ist der Besitzstand nicht feststellbar, so ist das streitige Grundstück zu teilen.[1)]

2. KAPITEL: Von den Grenzzäunen, Einfriedungen und Grenzanlagen (§§ 921, 922 BGB; §§ 27 bis 37 Nds. NachbarG)

Es ist allgemein üblich, zwei benachbarte Grundstücke durch einen Zaun, eine Hecke, Planke, Mauer, durch einen Graben, einen Wall oder durch sonstige schützende Einrichtungen voneinander zu scheiden, soweit nicht die Bebauung eines oder beider Grundstücke bis unmittelbar an die Grenze geht. Das Gesetz nennt diese Anlagen „Einfriedungen".

Hier tauchen vor allem zwei Fragen auf: Wer muß die Grenzanlage schaffen und unterhalten und wem gehört sie. Für die Grundstückseinfriedungen in den Städten und Gemeinden Niedersachsens hat das Nds. NachbarG das bisher fehlende einheitliche Einfriedigungsrecht geschaffen.

Bei unmittelbar nebeneinander an der gleichen Straße oder dem gleichen Wege liegenden Grundstücken hat jeweils der linke Eigentümer an der Grenze zum rechten Grundstück hin einzufrieden. Dabei ist „rechts" das Nachbargrundstück, das von der Straße aus betrachtet rechts liegt, (siehe Zeichnung 1). Jeder muß also an seiner rechten Grenze einfrieden.

Laufen an einem Grundstück zwei Straßen entlang, eine vorn und eine hinten, liegt also das Grundstück zwischen zwei Straßen, dann ist rechte Grenze die Grenze, die rechts vom Haupteingang liegt, (siehe Zeichnung 2). Eine spätere Verlegung des Haupteinganges ändert an der einmal entstandenen Einfriedungspflicht nichts.

---

1) vgl. § 920 BGB

Bei Eckgrundstücken, auch wenn sie an drei Straßen liegen, ist rechte Grenze stets die Grenze, die am weitesten rechts liegt, wenn man um das Grundstück herumgeht. Auf die Lage des Haupteinganges kommt es bei Eckgrundstücken nicht an, (siehe Zeichnung 3).

Bei entsprechender Bauweise kann es sich ereignen, daß nach diesen Grundsätzen eine Grenze für beide benachbarten Grundstücke „rechte" Grenze ist, etwa dann, wenn mehrere Grundstücke nebeneinander zwischen zwei Straßen mit wechselnden Ausgängen liegen (s. Zeichnung 4). Dann haben beide Nachbarn gemeinsam einzufrieden.

Andere Grenzen wiederum sind für keinen der beiden Nachbarn „rechte" Grenzen, vielmehr für beide Nachbarn „linke" Grenze. Dies betrifft die Grenze zwischen zwei Grundstücken, die zwar nebeneinander, aber nicht an derselben Straße liegen (s. Zeichnung 4). Auch gibt es Grenzen, die für keinen der beiden Nachbarn „rechte" oder „linke" Grenze sind, wie etwa rückwärtige Grenzen. (Siehe Zeichnung 5.) In diesem Fall haben beide Nachbarn gemeinsam einzufrieden.

Eine Einfriedungspflicht besteht nicht, wenn und soweit die Grenze mit Gebäuden besetzt ist. Das ist verständlich, weil ein Zaun unmittelbar neben einer an der Grenze stehenden Hauswand sinnlos wäre. Eine Einfriedungspflicht besteht weiterhin dann nicht, wenn in einer Gegend Einfriedungen zwischen Nachbargrundstücken nicht ortsüblich sind. Schließlich besteht die Einfriedungspflicht nur für bebaute oder gewerblich genutzte Grundstücke. Ist von zwei nebeneinander liegenden Grundstücken auch nur eines unbebaut, so kann keiner der Grundstückseigentümer vom Nachbarn eine Einfriedung verlangen. Das gilt allerdings nur solange, als nicht von einem der Grundstücke Störungen ausgehen, die nur durch eine Einfriedung beseitigt werden können. Wenn jemand auf einem noch unbebauten Grundstück Tiere hält, die ohne Zaun auf das Nachbargrundstück gelangen würden, kann der Nachbar verlangen, daß der „Störer" einfriedet, auch wenn sonst keine nachbarrechtliche Einfriedungspflicht besteht.

Gegenüber Straßen und Wegen besteht keine bürgerlich-rechtliche Einfriedungspflicht; ob und inwieweit an diesen Grenzen Einfriedungen (z. B. Vorgartenzäune) gesetzt werden müssen, regelt die örtliche Bauordnung. Insoweit liegen öffentlich-rechtliche Verpflichtungen vor, die die Behörde erzwingen kann.

ERLÄUTERUNGEN
zu den Zeichnungen

Die kleinen Buchstaben an den Grundstücksgrenzen bezeichnen die einfriedungspflichtige Person. a bedeutet, daß Grundstückseigentümer A, b, daß Eigentümer B die Einfriedung zu errichten und zu unterhalten hat. Zwei Buchstaben, z. B. a/b bedeutet, daß beide Nachbarn gemeinsam einfrieden müssen.

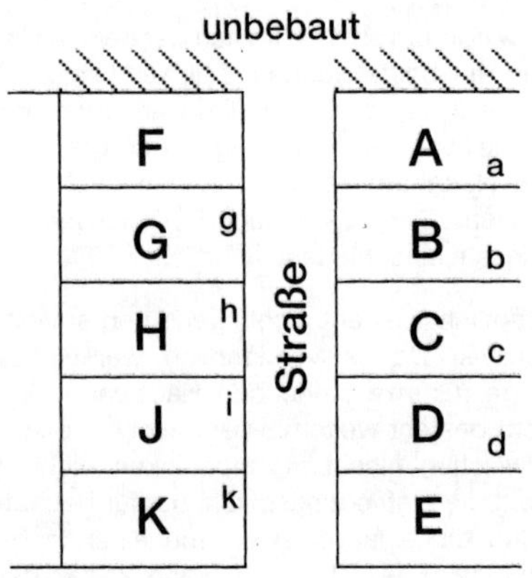

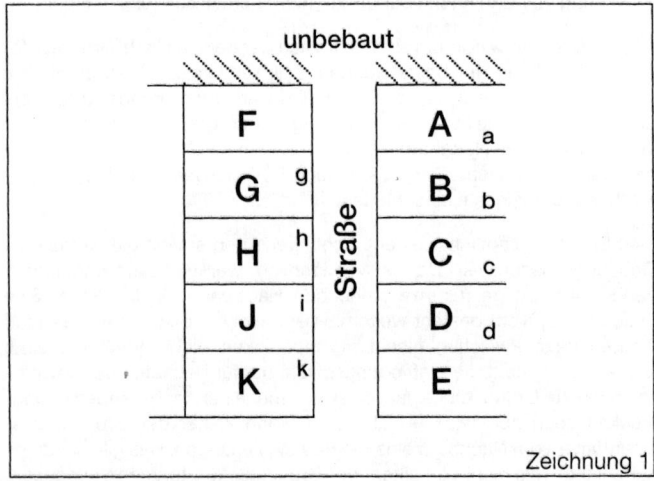

Zeichnung 1

Zeichnung 1 zeigt den Regelfall: Die Grundstücke A–K liegen zu beiden Seiten der Straße, jeder hat seine rechte Einfriedung zu errichten. F braucht an seiner Seite nicht einzufrieden, weil das angrenzende Gelände unbebaut ist.

Demgegenüber sind die Einfriedungspflichten des Nds. NachbarG bürgerlich-rechtlicher Art, d. h. sie können nicht von einer Behörde erzwungen werden, sondern sie sind vom Verlangen des Nachbarn abhängig. Ein Grundstückseigentümer braucht sein Grundstück nach den

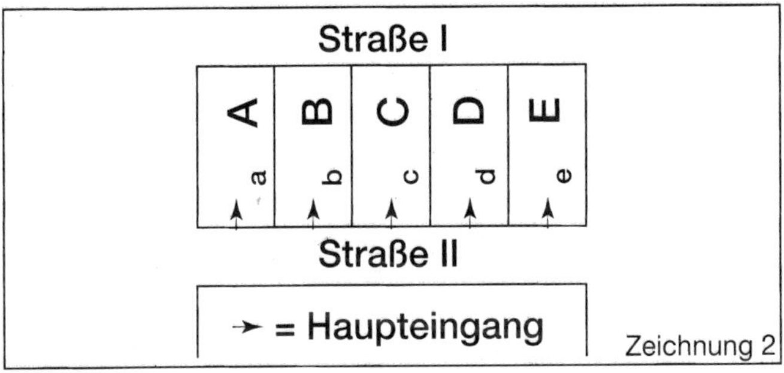

Zeichnung 2

Zeichnung 2 zeigt Grundstücke z w i s c h e n *2 Straßen mit dem Haupteingang von Straße II aus: Jeder hat rechts einzufrieden.*

Vorschriften des Nds. NachbarG zur Nachbargrenze hin also nur dann einzufrieden, wenn der Nachbar es verlangt. Solange der Nachbar sich mit dem zaunlosen Zustand abfindet, kann der Zaun wegbleiben.

Über die Art der Einfriedung, ob Zaun, Mauer oder Hecke, sagt das Gesetz nichts, es verweist insoweit auf die Ortsübung. Vielfach bestehen örtliche Bauvorschriften[1], die in erster Linie maßgebend sind. Weicht eine bereits vorhandene Einzäunung in ihrem Erscheinungsbild wesentlich von der Ortsüblichkeit ab, kann die Beseitigung dieser Einfriedung jedenfalls dann verlangt werden, wenn sich nur unter dieser Voraussetzung der nachbarrechtliche Anspruch auf eine ortsübliche Einfriedung verwirklichen läßt[2]. Der zaunpflichtige Nachbar hat keinen Anspruch darauf, daß neben die vorhandene, dem ortsüblichen Erscheinungsbild entsprechende Einfriedung eine weitere, andersartige gesetzt wird, die diese in ihrem Erscheinungsbild völlig verändert[3]. Die Prüfung, welche Art der Einfriedigung möglich ist, beschränkt sich auf das Gebiet einer Reihenhausanlage, wenn sich das Hausgrundstück eines Reihenhausgrundstückeigentümers trotz Randlage so in die vom Bauträger erstellte Anlage einfügt, daß sich insgesamt der Eindruck einer geschlossenen, von der

1) Als örtliche Bauvorschriften kommen Bebauungspläne oder Baugestaltungssatzungen in Betracht
2) BGH, Urteil vom 23. 3. 1979 – V ZR 106/77 – NJW 1979, 1409
3) BGH, Urteil vom 9. 2. 1979 – V ZR 108/77 – NJW 1979, 1408

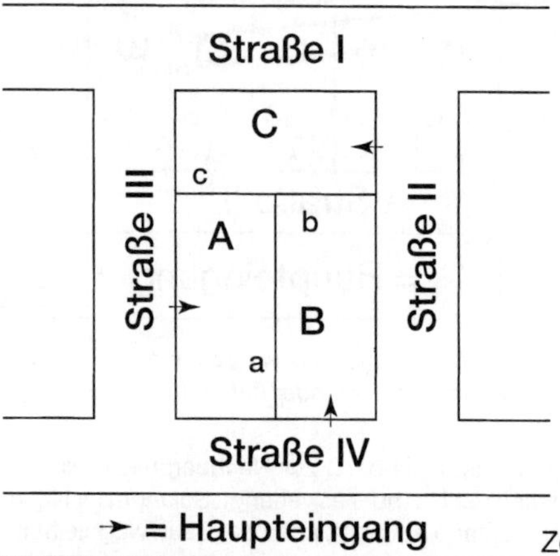

Zeichnung 3

Zeichnung 3 zeigt Eckgrundstücke: A hat die Einfriedung zu B hin zu errichten, weil es seine am weitesten rechts gelegene Einfriedung (um das Grundstück herumgehend) ist, obwohl diese Einfriedung, von seinem Haupteingang von Straße III aus gesehen, seine rückwärtige Einfriedung ist. Auf die Lage des Haupteingangs kommt es aber bei Eckgrundstücken nicht an. Genau so hat B die Einfriedung zu C hin zu errichten, weil sie seine am weitesten rechts gelegene Einfriedung ist. C hat die Einfriedung zu A hin zu errichten, obwohl, von seinem Eingang an Straße II aus gesehen, diese Einfriedung l i n k s ist. Es ist aber für ihn die am weitesten rechts gelegene Einfriedung seines Grundstücks. Auf dem Stück zu B geht die Einfriedungspflicht des B der Verpflichtung des C vor.

weiteren Umgebung abgehobenen Bebauung ergibt[1]). Nur soweit nichts anderes als Ortsübung oder Bauvorschrift festzustellen ist, wird gesagt, daß die Einfriedung nicht höher als 1,2 m[2]) sein soll. Diese Höhe gilt nach

1) OLG Köln, Urteil vom 11. 11. 1992 – 27 U 83/90 – ZMR 1993, 78.
2) vgl. § 28 S. 1 Nds. NachbarG

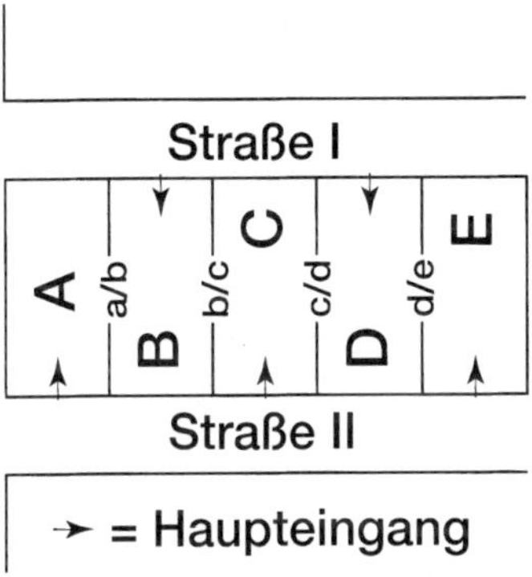

Zeichnung 4

Zeichnung 4 zeigt Grundstücke zwischen 2 Straßen mit wechselnden Haupteingängen: Die Einfriedung zwischen A und B sowie C und D ist für j e d e n Nachbarn r e c h t e Einfriedung, daher gemeinsame Einfriedungspflicht. Die Einfriedung zwischen B und C sowie D und E ist für jeden l i n k e Einfriedung, auch deshalb gemeinsame Einfriedungspflicht.

Ansicht des OLG Celle[1] nur für Einfriedungen, auf die der Nachbar Anspruch hat.

Nach der Niedersächsischen Bauordnung[2] müssen alle Einfriedungen über 2 m Höhe Abstand halten. Befreit von den Abstandsvorschriften der Bauordnung sind also Einfriedungen bis zu einer Höhe von 2 m. Bei Einfriedungen, die oberhalb einer Höhe von 1,80 m undurchsichtig, insgesamt jedoch nicht höher als 2 m sind, ist die Zustimmung des Nachbarn erforderlich, wenn diese Einfriedung keinen oder einen geringeren Abstand als den nach der Bauordnung vorgeschriebenen einhält. Diese bauordnungsrechtlichen Sondervorschriften können aber durch die Festsetzungen eines Bebauungsplans, eine Veränderungssperre oder eine Gestaltungssatzung überlagert werden.

1) OLG Celle, Urteil vom 15. 4. 1975 – 4 U 175/74 – NdsRechtspfl. 1975, 169
2) § 12 a Abs. 2 NBauO

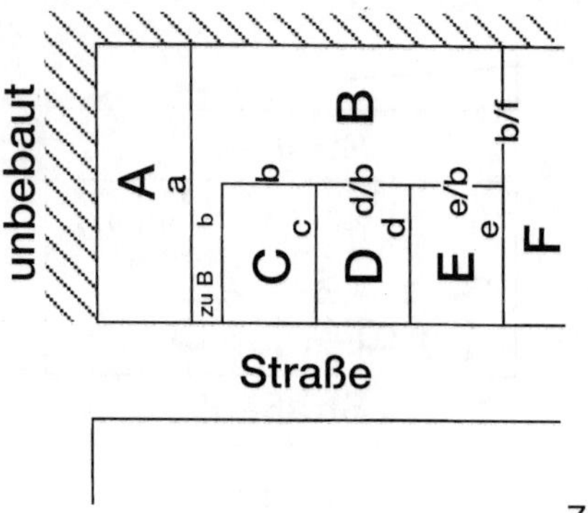

Zeichnung 5

Zeichnung 5 zeigt einen besonderen Fall: A hat an der Grenze zu B hin einzufrieden, weil es seine rechte Grenze ist. B und C liegen unmittelbar nebeneinander an der gleichen Straße, daher hat B beide Einfriedungen zu C hin zu errichten. C hat gegenüber D einzufrieden, weil es seine rechte Grenze ist. B und D liegen zwar nebeneinander, im Unterschied zu B und C aber nicht unmittelbar, weil sie keine gemeinsame Straßenfront haben. Daher ist ihre gemeinsame Grenze von beiden gemeinsam einzufrieden. Dasselbe gilt für die Grenzen zwischen B und E und zwischen B und F, während die Grenze zwischen E und F von E einzufrieden ist, weil es für ihn rechte Grenze ist und beide nebeneinander an der Straße liegen. Gegenüber dem angrenzenden unbebauten Gebiet besteht für A und B keine Einfriedungspflicht.

Im übrigen berühren die Abstandsvorschriften der NBauO die Bestimmungen des NachbarG nicht[1)], nachdem die insoweit widersprüchliche Bestimmung[2)] gestrichen wurde. Die Abstandsvorschriften der NBauO für Einfriedungen vermitteln aber keinen individuellen Anspruch auf die dort genannten Höhen. Maßgebend für die Höhe einer Einfriedung bleibt insoweit die jeweilige Ortsübung.

1) vgl. Grosse-Suchsdorf, Schmaltz, Wiechert, Rdz. 11 zu § 12 a NBauO
2) § 32 Nds. NachbarG a. F.

Für den „Störer" gelten auch hierbei weitergehende Vorschriften; er muß, abweichend von der Ortsüblichkeit oder den baulichen Vorschriften so hoch und so fest einfrieden, daß von seinem Grundstück keine nachteiligen Einwirkungen auf die Nachbargrundstücke ausgehen können wie etwa bei der Tierhaltung. Dies gilt aber auch dann, wenn sich wilde Tiere ohne den Willen des Eigentümers oder Nutzungsberechtigten auf dem Grundstück aufhalten[1].

Wenn nach dem bisherigen Recht[2] ein anderer als der jetzt Verpflichtete einfriedungspflichtig war, so hat der bisher Verpflichtete die Einfriedung innerhalb von 2 Jahren ordnungsmäßig herzurichten. Die Unterhaltspflicht geht so lange nicht auf den nach neuem Recht[3] Unterhaltspflichtigen über, als der bisher Verpflichtete seiner Instandsetzungspflicht nicht nachgekommen ist. Angesichts des bisherigen Fehlens zaunrechtlicher Bestimmungen in den meisten Teilen Niedersachsens kann sich das aber nur auf Ausnahmefälle erstrecken, in denen eine vom neuen Recht abweichende Regelung gewohnheitsrechtlich oder ortsstatuarisch vorgesehen war. Vertragliche Vereinbarungen zwischen Nachbarn über eine abweichende Regelung der Zaunpflicht werden vom neuen Recht nicht berührt.

Bloße tatsächliche Übung schaffte allerdings kein Gewohnheitsrecht. Hatte beispielsweise bei einer Reihe nebeneinander liegender Grundstücke ein Eigentümer, weil er zuerst das Eckgrundstück bebaute, seinen linken Zaun errichtet und haben dann alle folgenden Eigentümer ebenfalls ihre linken Zäune geschaffen (weil an ihrer rechten Seite ja bereits eine Einfriedung bestand), so ging die Einfriedungspflicht nach dem 1. Januar 1968 ohne weiteres und ohne besondere Entschädigungsansprüche von einer Seite auf die andere Seite über, wenn die bisherige Übung sich nicht vertraglich verfestigt hatte. Wer dann den bisherigen Zaun gesetzt hatte und ob der Verfall des Zaunes auf Verschulden des bisherigen Zauneigentümers beruhte, ist gleichgültig. Zäunen muß jetzt auf Verlangen des Nachbarn, wer nach neuem Recht zaunpflichtig ist.

Einfriedungen, für die ein Nachbar allein einfriedungspflichtig ist, müssen neben der Grenze auf dem eigenen Grundstück des Einfriedungspflich-

1) Lehmann, Ziff. 4 zu § 29 Nds. NachbarG
2) vor dem 1. Januar 1968
3) ab dem 1. Januar 1968

tigen stehen. Die Pfosten müssen seinem Grundstück zugekehrt sein. Die Einfriedung ist damit auch sein alleiniges Eigentum.

Gemeinsame Einfriedungen können genau auf die Grenze gesetzt werden, wenn keiner der beiden Nachbarn sie auf seinem Grundstück haben will. Dabei dürfen etwaige seitliche Pfosten je zur Hälfte auf einem der beiden Nachbargrundstücke stehen. Eine derartige gemeinsame Einfriedung ist eine Grenzanlage im Sinne der Vorschriften des BGB[1)]. Die Nachbarn haben sich nicht nur die Kosten der Errichtung und Unterhaltung zu teilen, sie können sie auch gemeinsam nutzen und etwa Spaliere an einer Grenzmauer befestigen. Dabei ist es jetzt nicht mehr von ausschlaggebender Bedeutung, ob diese gemeinsame Einfriedung genau auf der Grenze oder neben der Grenze auf einem der beiden Grundstücke steht. Entscheidend für die Kostenpflicht bei Errichtung und Unterhaltung und für die Benutzung ist also jetzt die Einfriedungspflicht, nicht die Lage der Einfriedung. Wer allein einfriedungspflichtig ist, hat allein die Kosten für die Errichtung und Unterhaltung zu tragen, hat aber auch das alleinige Nutzungsrecht an der Einfriedung. Wo gemeinsam eingefriedet werden muß, müssen Kosten für Errichtung und Unterhaltung gemeinsam getragen werden, die Anlage darf aber auch gemeinsam benutzt werden. Auch darf eine gemeinsame errichtete Einfriedung nicht von einem Nachbarn allein beseitigt werden[2)]. Hinsichtlich dieser gemeinschaftlichen Einfriedung bilden beide Nachbarn eine Gemeinschaft des bürgerlichen Rechts.

Die Kostenpflicht für Errichtung und Unterhaltung ist dabei unabhängig vom Eigentum. Eine Grenzanlage wird nach den Vorschriften des BGB Eigentum desjenigen, auf dessen Grundstück sie steht, weil sie wesentlicher Bestandteil des Grundstücks ist. Eine genau auf der Grenze stehende Grenzanlage wird gemeinsames Eigentum beider Nachbarn. Aber die Eigentumsrechte sind beschränkt durch die nachbarrechtlichen Bestimmungen. Die Vermutung des BGB, wonach eine Grenzanlage, die dem Vorteil beider Grundstücke dient, von beiden Eigentümern gemeinsam genutzt werden darf und gemeinsam unterhalten werden muß, gilt nur bei älteren Einfriedungen, bei denen sich nicht mehr feststellen läßt, wer sie errichtet hat. Wer hingegen als Zaunpflichtiger eine Einfriedung errichtet hat, muß auch die Kosten der Errichtung und der Unterhaltung tragen.

---

1) §§ 921, 922 BGB
2) Landgericht Frankfurt am Main, Urteil vom 23. 8. 1990 – 2/22 O 60/90 –

In besonderen Fällen muß die Einfriedung mehr oder weniger weit von der Grenze entfernt errichtet werden, wenn einer der beiden Nachbarn das verlangt. Das gilt einmal für das Schwengelrecht. Das Schwengelrecht dient dazu, dem Eigentümer eines landwirtschaftlichen Grundstücks die volle Ausnützung seines Grund und Bodens dadurch zu ermöglichen, daß er mit landwirtschaftlichen Geräten bis hart an seine Grundstücksgrenze arbeiten kann. Dazu ist es erforderlich, einen schmalen Grenzstreifen des Nachbargrundstücks betreten zu können. Demgemäß muß derjenige, der an ein landwirtschaftlich genutztes Grundstück grenzt, auf Verlangen des Nachbarn einen Streifen von 0,60 m liegen lassen, also seine Einfriedung 0,60 m neben der Grenze errichten. Allerdings gilt das nur, wenn beide Grundstücke außerhalb des Baugebietes liegen und nicht Bauland sind. Fällt diese Voraussetzung für das Schwengelrecht nachträglich fort, weil eines der beiden Grundstücke in die Baulandqualität hineinwächst oder das Baugebiet sich bis zu einem der beiden Grundstücke ausdehnt, dann erlischt das Schwengelrecht, ohne daß allerdings gesagt wird, wer nun für die Kosten der Versetzung der Einfriedung aufzukommen hat. Auch ist die Instandhaltung des Schwengelstreifens (Unkrautbekämpfung) nicht ausdrücklich geregelt.

Lebende Hecken müssen bei 1,20 m Höhe mindestens 0,25 m von der Grenze entfernt bleiben, es sei denn, es handelt sich um Hecken, die an Stelle einer g e m e i n s a m e n Einfriedung stehen, also bei rückwärtigen Grenzen. Die können dann a u f der Grenze stehen[1].

Um dem Nachbarn Gelegenheit zu geben, rechtzeitig seine Ansprüche auf Einhaltung der vorgesehenen Grenzabstände geltend zu machen, muß derjenige, der eine Einfriedung errichten, erneuern, ändern oder beseitigen will, auf jeden Fall unabhängig davon, ob er einfriedungspflichtig ist oder nicht und ob Grenzabstände verlangt werden können oder nicht, den Nachbarn einen Monat vorher von der geplanten Maßnahme unterrichten. Vor Ablauf der Monatsfrist darf er mit der Arbeit nicht anfangen. Der Nachbar soll unverzüglich antworten[2]. Ist der Eigentümer des Nachbargrundstücks nicht erreichbar, so genügt die Anzeige an den Besitzer wie etwa den Mieter oder Pächter[3].

---

1) vgl. § 50 Abs. 2 Nds. NachbarG
2) vgl. § 37 Abs. 3 in Verbindung mit § 8 Abs. 2 Nds. NachbarG
3) vgl. § 37 Abs. 3 in Verb. mit § 8 Abs. 3 Nds. NachbarG

Die Anzeigepflicht besteht nicht, wenn eine normale, ortsübliche Einfriedung in mehr als 0,6 m und eine übermäßige hohe (höher als ortsüblich oder 1,2 m) Einfriedung in mehr als 1,5 m Abstand von der Grenze errichtet werden soll.

Bestehende Einfriedungen, die das Schwengelrecht da, wo es jetzt an sich gegeben ist, verletzen oder bei übergroßer Höhe den erforderlichen Abstand nicht wahren, können bestehen bleiben, wenn sie dem bisherigen Recht entsprachen.

Andererseits muß sich der Nachbar in Zukunft gegen Verletzungen des Schwengelrechts oder des Grenzabstandes bei überhohen Einfriedungen durch Erhebung einer Klage wehren, die er spätestens im 2. Kalenderjahr nach Errichtung der Einfriedung erhoben haben muß, sonst ist sein Recht verfallen. Werden derartige Einfriedungen aber durch neue ersetzt, so müssen ggf. die notwendigen Grenzabstände eingehalten werden.

Schließlich entstehen auch Erstattungsansprüche, falls sich die Einfriedungspflicht nachträglich ändert oder nachträglich entsteht. Wer zuerst baut, wird im allgemeinen sein Grundstück nach allen Seiten hin einfrieden. Wenn nun später jemand links daneben baut, wird die bisherige linke Einfriedung des ersten Grundstücks seine rechte Einfriedung. Er muß sie zum Zeitwert übernehmen.

Zur Berechnung des Zeitwerts wird von den tatsächlichen Herstellungskosten zuzüglich Eigenleistungen ausgegangen und dieser Betrag der Abnutzung entsprechend abgeschrieben. Waren die Herstellungskosten höher als die Kosten einer ortsüblichen Einfriedung, so sind nur diese anzusetzen. Besondere Kosten, die durch die Verhältnisse eines der beiden Grundstücke erzwungen waren, sind nur dem Eigentümer dieses Grundstücks zuzurechnen.

In gleicher Weise kann eine ursprünglich von einem Grundstückseigentümer geschaffene Einfriedung nachträglich ganz oder teilweise gemeinsame Einfriedung werden (z. B. bei Bebauung des rückwärts angrenzenden Grundstücks). Dann ist von dem neu hinzugekommenen Nachbarn ein Betrag zu den Errichtungskosten zu entrichten in Höhe der Hälfte des Zeitwerts der Einfriedung, soweit sie gemeinsame Einfriedung wird. Das gilt allerdings nur für derartige, vom zuerst Bauenden errichtete Einfriedungen an der „falschen“ Seite, die n a c h dem 1. Januar 1968 entstanden sind. In anderen Fällen gilt das oben Gesagte.[1)]

3. KAPITEL: Von Bäumen, Sträuchern und Pflanzen an und auf der Grenze (§§ 910, 911, 923 BGB; §§ 50–60 Nds. NachbarG)

Pflanzen in Nachbars Garten sind oft eine sehr umstrittene Sache. Jeder Grundstückseigentümer möchte seinen eigenen Garten oder sein sonstiges Grundstück gerne voll ausnutzen können, jeden Quadratmeter Boden bepflanzen, und zwar mit Pflanzen und Bäumen nach seinem Geschmack. Der Nachbar aber sieht das vielleicht nicht gerne, die Bäume werfen Schatten und Laub, ihre Wurzeln dringen in sein Grundstück vor und entziehen ihm Saft und Kraft. Es war nicht leicht für den Gesetzgeber, zwischen diesen widerstreitenden Interessen den richtigen Weg zu finden.

Das BGB beschränkte sich darauf, die Einwirkungen der Pflanzen und Bäume auf das Nachbargrundstück zu regeln. Dringen Wurzeln von Bäumen und Sträuchern in das Nachbargrundstück ein, kann der Eigentümer dieses Grundstücks ohne weiteres diese Wurzeln abschneiden und behalten. Er braucht den Nachbarn nicht zu fragen, ob er das tun darf, er braucht sich um das Schicksal des eines Teiles seiner Wurzeln beraubten Baumes nicht zu kümmern: das Gesetz verleiht ihm das Recht, kurzerhand eigenmächtig vorzugehen und zu handeln.

Anders sieht es mit herüberhängenden Ästen und Zweigen aus. Hier muß der Nachbar den Baumeigentümer erst auffordern, den „Überhang“ zu beseitigen und ihm dazu eine Frist setzen. Tut dieser das nicht, kann der betroffene Nachbar die herüberragenden Äste und Zweige selbst beseitigen und das gewonnene Holz behalten.

Da das unter den heutigen Verhältnissen kein Äquivalent für die Mühe und die Kosten der Beseitigung ist, ist die Frage berechtigt, ob der Nachbar nicht vom Baumeigentümer die Beseitigung der überhängenden Äste und der eindringenden Wurzeln verlangen kann. Nach der jetzt herr-

1) s. S. 13

schenden Rechtsprechung[1] ist das möglich, wenn dem Nachbarn das Abschneiden nicht zugemutet werden kann oder die Ausübung des Selbsthilferechts des Nachbarn praktisch oder rechtlich unmöglich ist[2]. Das ist gegeben, wenn eindringende Wurzeln gar nicht erreicht werden können, etwa bei Bäumen unmittelbar an der Hauswand oder beim Eindringen von Wurzeln in Kanalisationsrohre, die nicht auf dem Nachbargrundstück liegen. Auf jeden Fall kann nach der jetzigen Rechtsprechung der beeinträchtigte Nachbar vom Eigentümer der Bäume und Sträucher die Kosten für die Beseitigung der herüberwachsenden Zweige und Äste verlangen, soweit sie den Nachbarn im Genuß seines Eigentums stören. Eine Beseitigung der Bäume selbst kann grundsätzlich nicht verlangt werden.

Das Beseitigungsrecht für Wurzeln und Zweige gilt nicht, wenn sie die Benutzung des Nachbargrundstücks nicht beeinträchtigen. Bei fruchttragenden Bäumen und Sträuchern bleiben die Früchte der überhängenden Zweige solange Eigentum des Baum- oder Straucheigentümers, bis sie auf das Nachbargrundstück herüberfallen. Erst wenn sie abgefallen sind, kann der Nachbar sie an sich nehmen. Fallen sie auf ein öffentliches Grundstück etwa eine Straße, einen Weg oder eine Grünfläche, so bleiben sie Eigentum des Baum- oder Straucheigentümers.

Ein schräg über die Grenze ragender, schief gewachsener Baum ist kein „Überhang“. Hier gilt das Selbsthilferecht des Nachbarn nicht, doch kann er wegen Beeinträchtigung seines Eigentumsrechts Beseitigung des ganzen Baumes verlangen.

Besondere Vorschriften gelten für einen Grenzbaum, der genau auf der Grenze steht. Hier gehören die Früchte und, falls er gefällt wird, auch das Holz beiden Nachbarn je zur Hälfte. Wird der Baum lästig, kann jeder der beiden Nachbarn Beseitigung des Baumes auf gemeinsame Kosten verlangen. Jedoch muß der, der den Baum nicht mehr haben will, die Beseitigungskosten allein tragen, wenn der andere Nachbar auf seine Rechte am Baum verzichtet. Dann gehört der Baum aber auch dem allein, der ihn fällt oder fällen läßt. Für Sträucher auf der Grenze gilt dasselbe.

---

1) BGH, Urteil vom 2. 12. 1988 – V ZR 26/88 – NJW 1989, 1032; BGH, Urteil vom 7. 3. 1986 – V ZR 92/85 – NJW 1986, 2640

2) OLG Düsseldorf, Urteil vom 11. 6. 1986 – 9 U 51/86 – NJW 1986, 2648

Beseitigung von Baum und Strauch kann allerdings nicht verlangt werden, wenn sie der Grenzmarkierung dienen und durch andere Grenzzeichen nicht ersetzt werden können.

Hierin erschöpfen sich aber schon die Ansprüche eines Eigentümers zum Schutz gegen Beeinträchtigungen durch Pflanzen und Bäume auf Nachbarsgrundstücken. Laubfall[1)] und Schattenwirkungen[2)] müssen hingenommen werden, sie sind keine unzulässigen Einwirkungen (Immissionen) im Sinne des Gesetzes, die später noch behandelt werden. Auch sind Bäume und Sträucher keine „gefährlichen Anlagen" im Sinne des Gesetzes. Gleichzeitig billigt die Rechtsprechung[3)] dem Eigentümer des durch Laubfall, Ast- und Knospenabwurf beeinträchtigen Grundstücks einen Entschädigungsanspruch zu.

Um diese Nachteile aber in Grenzen zu halten, setzt das Nds. NachbarG gewisse Abstände fest, die auf Verlangen des Nachbarn mit Bäumen und Sträuchern eingehalten werden müssen. Für sonstige Pflanzen wie Gräser, Kräuter, Feldfrüchte, Blumen und auch Unkraut gelten die Abstandsvorschriften[4)].

Es ist darauf verzichtet worden, einen umfangreichen Pflanzenkatalog festzulegen, obwohl manche Bäume und Sträucher weniger störend sind als andere (z. B. Pappeln) und daher vielleicht in größerer Grenznähe ertragen werden könnten. Der Gesetzgeber hat vielmehr eine Tabelle mit Pflanzengrößen und Grenzabständen aufgestellt dergestalt, daß der Grenzabstand um so größer ist, je höher die Pflanzen sind. Dabei sind unter „Pflanzen" hier wie überhaupt in diesem Kapitel nur Bäume, Sträucher und Hecken zu verstehen.

Ein Grenzstreifen von 0,25 m ist auf Verlangen des Nachbarn ganz von Pflanzen freizuhalten, abgesehen natürlich von dem schon oben erörter-

---

1) LG Karlsruhe, Urteil vom 9. 12. 1983 – 9 S 248/83 – MDR 1984, 401; LG Stuttgart, Urteil vom 16. 7. 1985 – 27 O 310/85 – NJW 1985, 2340; OLG Stuttgart, Urteil vom 22. 5. 1985 – 13 U 290/84 – NJW 1986, 2768; OLG Düsseldorf, Urteil vom 20. 4. 1988 – 9 U 228/87 – MDR 1988, 776; LG Saarbrücken, Urteil vom 25. 9. 1987 – 11 S 363/86 – MDR 1988, 54

2) Für das Abschatten von Funkwellen: BGH, Urteil vom 21. 10. 1983 – V ZR 166/82 – MDR 1984, 387

3) OLG Karlsruhe, Urteil vom 9. 3. 1983 – 6 U 150/82 – NJW 1983, 2886; OLG Hamburg, Urteil vom 25. 11. 1987 – 14 U 170/87 – HbgGrundE 1988, 8; aA LG Hannover, Urteil vom 25. 3. 1988 – 10 S 89/87 –

4) s. Kapitel 6 letzter Absatz

ten Fall, daß ein Baum oder Strauch ein Grenzzeichen ist und daher nicht ersatzlos beseitigt werden darf. Auch kann eine Hecke als gemeinsame Einfriedung im Einvernehmen beider Nachbarn genau auf die Grenze gesetzt worden sein. Dann kann ihre Beseitigung auch von keinem der Nachbarn allein verlangt werden, vielmehr müssen sich dann beide über die Beseitigung einig sein.

Im übrigen müssen Pflanzen folgender Höhe mindestens die jeweils genannten Abstände einhalten:

- bis zu 1,20 m Höhe mindestens 0,25 m,
- bis zu 2,00 m Höhe mindestens 0,50 m,
- bis zu 3,00 m Höhe mindestens 0,75 m,
- bis zu 5,00 m Höhe mindestens 1,25 m,
- bis zu 15,00 m Höhe mindestens 3,00 m,
- über 15,00 m Höhe mindestens 8,00 m.

Da diese Abstände nach allen Seiten gelten, ist damit gewährleistet, daß in kleineren Gärten keine übermäßig hohen, für die Nachbarn besonders lästigen Bäume stehen, wie etwa Kastanien, Blutbuchen oder Pappeln. Zur Wahrung des Schwengelrechts müssen da, wo es besteht (dazu siehe oben S. 12), 0,6 m Abstand auch mit niedrigeren Pflanzen eingehalten werden. Ob die Pflanzen angepflanzt sind oder sich selbst angesamt haben, ist dabei gleichgültig. Auch mehrere Mieter oder Pächter von Teilflächen eines einheitlichen großen Grundstücks wie Kleingärtner als Unterpächter eines Kleingartenvereins können wechselseitig die Einhaltung dieser Höhen- und Abstandsgrenzen verlangen.

Die Entfernung mißt sich am Erdboden von der Mitte des Baumes oder Strauches bis zur Grenze. Bei schiefstehenden Bäumen ist also nicht die Entfernung der Krone von der Grenze maßgebend, sondern die des Stammes am Austritt aus der Erde.

Der Eigentümer der Pflanzen kann sie zunächst ungehindert wachsen lassen, er braucht nicht von sich aus auf die zulässigen Höhen achten. Erst auf Verlangen des Nachbarn muß er

a) im Grenzbereich bis zu 0,25 m die Pflanzen (d. h. nur Bäume, Sträucher oder Hecken, die keine Einfriedung sind) beseitigen;

b) im übrigen Bereich sie auf die zulässige Höhe zurückschneiden. Der Grundstückseigentümer kann vom Nachbarn das Zurückschneiden von Bäumen auf die zulässigen Höchstmaße selbst dann verlangen, wenn der für die tatsächliche Höhe der Bäume vorgeschriebene Mindestabstand zur Grenze (hier: 3 m) nur geringfügig (hier: zwischen 0,50 m und 0,25 m) unterschritten wird. Der Anspruch besteht unabhängig davon, ob die Bäume das Zurückschneiden überleben[1]. Anstelle des Zurückschneidens kann der Eigentümer der Pflanzen sie ganz beseitigen. Im Grenzbereich bis zu 0,25 m liegt die Wahl beim Nachbarn: er kann gestatten, daß der Pflanzeneigentümer, statt sie zu beseitigen, sie auf 1,2 m Höhe zurückschneidet.

Um die Pflanzen nicht zu schädigen, ist die Verpflichtung zur Beseitigung oder zum Zurückschneiden auf die Spätherbst- und Winterzeit vom 1. 10. bis 15. 3. beschränkt.

Da, wo Pflanzen nicht stören können, gelten andere Maßstäbe: Hinter einer Wand oder undurchsichtigen Einfriedung können sie bis zur Höhe der Wand wachsen, gleichgültig wie hoch diese ist. An Grenzen zu öffentlichen Straßen und Gewässern gelten keinerlei Abstands- und Höhengrenzen. Dafür müssen aber auch Bäume und Sträucher auf öffentlichen Straßen und Uferböschungen ohne jede Einschränkung hingenommen werden. Gegen hohe, schattenspendende Straßenbäume ist also keine rechtliche Handhabe gegeben. (Siehe dazu auch Kapitel 10).

Auch für den baulichen Außenbereich, außerhalb der Baugebiete, ist man großzügiger: Es genügt ein Abstand von 1,25 m für alle Anpflanzungen über 3 m Höhe.

Besondere Vorschriften gelten für Waldungen. Auch sie dürfen nicht bis zur Grenze voll bepflanzt werden, weil benachbarte Ackerfluren oder Weideflächen sonst darunter leiden könnten. Hier muß ein Grenzstreifen von 1 m ganz freigehalten werden. Darüber hinaus müssen folgende Abstände eingehalten werden:

mit Gehölzern bis zu 2 m Höhe 1,00 m Abstand,

mit Gehölzern bis zu 4 m Höhe 2,00 m Abstand,

mit Gehölzern über 4 m Höhe 8,00 m Abstand.

---

1) Urteil des OLG Celle vom 26. 5. 1978 – 4 U 174/77 – NdsRpfl. 1979, 11

Keine Höhen- und Abstandsgrenzen gelten gegenüber anderen angrenzenden Wäldern, Ödland, öffentlichen Straßen und Gewässern.

Da ein Zurückschneiden bei Wäldern praktisch nicht möglich ist, sieht das Gesetz hier nur die Beseitigungspflicht für alle Gehölze eines Waldes vor, die die gesetzten Höhenmaße überschreiten.

Die Berechtigung, vom Nachbarn Beseitigung oder Zurückschneiden von Pflanzen zu verlangen, die die gesetzten Grenzen überschreiten, könnte zu unbilligen Ergebnissen führen, wenn sie unbefristet wäre und der Nachbar nach Jahren stillschweigender Duldung plötzlich die Beseitigung verlangen könnte. Dem Verlangen sind daher zeitliche Grenzen gesetzt. Der Nachbarn muß seinen Anspruch auf Beseitigung von Pflanzen im Grenzstreifen (0,25 m) oder bei Waldgehölzen auf Zurückschneiden im erweiterten Grenzbereich (0,25 bis 8 m) spätestens im 5. Kalenderjahr, nachdem die Höhenüberschreitung eingetreten ist, geltend machen, sonst ist der Anspruch ausgeschlossen und die Pflanzen können nach Belieben weiterwachsen. Wenn also beispielsweise eine in 5 m Abstand von der Grenze gepflanzte Birke in einem Garten 1970 über die 15-m-Höhe hinauswuchs, mußte der Nachbar spätestens bis zum 31. Dezember 1975 seinen Anspruch auf Zurückschneiden geltend machen. Versäumte er diesen Termin, muß er das weitere ungehemmte Wachstum der Birken hinnehmen. Nur im Grenzbereich bis 0,25 m kann auch dann noch das Zurückschneiden auf 1,20 m Höhe gefordert werden, aber nicht mehr Beseitigung der Pflanzen.

Da es bis zum 1. Januar 1968 in weiten Kreisen Niedersachsens ein Grenzabstandsrecht für Pflanzen nicht gab, mußten die mit dem Übergang in das neue Recht verbundenen Probleme besonders eingehend geregelt werden. Grundsätzlich will das Gesetz in rechtmäßig bestehende Zustände nicht eingreifen. Daher konnten Pflanzen, deren Höhe und Grenzabstand den neuen Vorschriften nicht entsprachen, stehen bleiben, wenn sie nach den bisherigen Vorschriften zulässig waren, doch kann in begrenztem Umfang ein weiteres Wachstum verhindert werden. Pflanzen, deren Höhe und Grenzabstand schon dem bisherigen Recht nicht entsprachen, mußten den neuen Vorschriften angepaßt werden, wenn der Nachbar es innerhalb der gesetzten Fristen, mindestens aber bis zum 31. Dezember 1969 verlangte. Wegen Fehlens von Grenzabstandsvorschriften in den meisten Gebieten Niedersachsens ist dieser Anspruch aber kaum zum Zuge gekommen.

Für die bisher rechtmäßig stehenden Pflanzen ist im einzelnen folgendes vorgesehen:

- Im engeren Grenzbereich bis 0,25 m Grenzabstand kann eine Beseitigung bestehender Pflanzen nicht verlangt werden.
- Beseitigung bestehender Waldgehölze kann nicht verlangt werden.
- Bei Pflanzen, die am 1. Januar 1968 schon über 3 m hoch waren, kann auch kein Zurückschneiden mehr verlangt werden. Sie können beliebig weiterwachsen.
- Pflanzen, die am 1. Januar 1968 noch nicht 3 m hoch waren, die neuen Höhen- und Abstandsgrenzen aber überschreiten, müssen, wenn der Nachbar es will, auf der Höhe gehalten werden, die sie am 1. Januar 1968 erreicht hatten.

  Wenn also eine 0,30 m von der Grenze entfernt stehende Birke am 1. Januar 1968 eine Höhe von 2,5 m erreicht hatte, muß sie auf dieser Höhe gehalten werden.

Auch dieser Anspruch muß in der schon erwähnten 5-Jahresfrist geltend gemacht werden.

Dies alles gilt auch, wenn später ein Gebiet, das zunächst baulicher Außenbereich war und in dem daher alle Pflanzen über 3 m Höhe außerhalb eines Grenzabstandes von 1,25 m zulässig waren, später Baugebiet mit den entsprechenden größeren Grenzabstandsvorschriften wird.

Dagegen berührt die nachträgliche Änderung von Grundstücksgrenzen die bisherige Zulässigkeit nicht.

In allen Fällen müssen aber Ersatzpflanzen, die nach dem 1. Januar 1968 gepflanzt worden sind, sich nach den neuen Vorschriften richten, doch können in geschlossenen Anpflanzungen, wie etwa Alleen, einzelne Bäume oder Sträucher nachgepflanzt werden und zur Höhe der anderen Bäume oder Sträucher heranwachsen, um das geschlossene Bild nicht zu stören.

Bei der Verjüngung vorhandener Waldungen müssen über 4 m hohe Gehölze mindestens 4 m Grenzabstand halten, soweit Grenzabstände bei Waldungen überhaupt eingehalten werden müssen. Dies gilt also nicht an der Grenze zu anderen Waldungen oder Ödland.[1)]

---

1) s. oben S. 21

Als allgemeine Richtschnur ist bei Waldungen noch festgelegt, daß bei der Bewirtschaftung eines Waldes auf benachbarte Wälder Rücksicht genommen werden muß, soweit das möglich ist. Es soll kein Waldeigentümer dadurch geschädigt werden, daß sein Nachbar rücksichtslos Kahlschläge vornimmt. Allerdings beschränken die forstwirtschaftlichen Gesetze ohnehin die Rechte eines Waldeigentümers im Interesse der allgemeinen Waldwirtschaft.

4. KAPITEL: Vom Bauen an und auf der Grenze (§§ 912 bis 916 BGB; §§ 3 bis 22 Nds. NachbarG)

Von besonderer Bedeutung ist die Grenze beim Bauen. Grundsätzlich darf niemand unbefugt, also ohne Erlaubnis des Nachbarn, über die Grenze bauen.

Auf seinem eigenen Grundstück darf man jedoch nicht ohne weiteres alles bauen. Vielmehr ist man durch die Bauleitpläne, die Bauordnung und gewisse, zum Schutz des Nachbarn erlassene Vorschriften in seiner Baufreiheit stark eingeschränkt. Hierüber wird im nächsten Kapitel gesprochen.

a) Vom Überbau

Wird unbefugt über die Grenze gebaut, dann handelt es sich um einen Überbau. Dieser Tatbestand ist sowohl durch die Inanspruchnahme des fremden Grund und Bodens als auch des Luftraums über dem fremden Grundstück, etwa durch einen Balkon, gegeben. Diesen braucht der Nachbar nur zu dulden, wenn der Überbau versehentlich geschehen ist, dem Bauherrn oder seinem Beauftragten also weder Vorsatz noch grobe Fahrlässigkeit vorgeworfen werden können. Ob sich der Eigentümer Vorsatz und grobe Fahrlässigkeit des Bauunternehmers und seiner Gehilfen zurechnen lassen muß, ist umstritten[1)].

Eine vorsätzliche oder grobfahrlässige Grenzverletzung durch Überbau braucht der Nachbar sich nicht gefallen zu lassen, er kann Beseitigung des Überbaus verlangen. Der Eigentümer eines Überbaus ist jedenfalls dann zum Abriß dieses Überbaus berechtigt, wenn der Abriß im Rahmen eines

1) Verneinend: BGH, Urteil vom 10. 12. 1976 – V ZR 235/75 – MDR 1977, 481

einheitlichen Bauvorhabens zur Veränderung des Stammgebäudes erfolgte[1]. Auch wenn kein Vorsatz vorliegt, kann der Nachbar der Entstehung eines Überbaus vorbeugen, indem er sofort widerspricht, wenn der Überbau erkennbar wird, sei es vor oder nach der Grenzüberschreitung.

Muß hiernach der Nachbar den versehentlichen Überbau dulden, kann er dafür eine Rente verlangen[2], die nach den Verhältnissen z. Z. des Überbaus zu errechnen ist[3]. Spätere Werterhöhungen des überbauten Grundstücksteils sind also nicht zu berücksichtigen. Weiter sagt das Gesetz über die Höhe der Rente nichts, doch hat die Rechtsprechung gewisse Grundsätze entwickelt. Danach ist die Rente in Höhe des durch den Überbau eintretenden Nutzungsverlustes zu errechnen. Läßt sich dieser nicht ermitteln, so ist als Rente eine angemessene Verzinsung des Bodenwerts anzusetzen.

Die Rente wird nicht in das Grundbuch eingetragen, ist aber weitgehend einer erststelligen Reallast nachgebildet. Wird auf die Rente verzichtet oder wird ihre Höhe vertraglich festgelegt, dann muß sie aber in das Grundbuch eingetragen werden.

Gläubiger und Schuldner der Rente sind die jeweiligen Eigentümer der beiden Grundstücke. Berechtigung und Verpflichtung gehen also bei Verkauf und Übertragung der Grundstücke auf die neuen Eigentümer über.

Der Eigentümer des überbauten Grundstücks kann jederzeit verlangen, daß der Eigentümer des übergebauten Gebäudes ihm den überbauten Geländestreifen abkauft. Als Preis ist der Betrag zu vergüten, den das Grundstück im Zeitpunkt der Überbaus, nicht im Zeitpunkt der Übertragung wert war.

b) Von der Nachbarwand

Ein Überbau im Sinne dieser vorstehend dargestellten Vorschriften ist nicht gegeben, wenn das Überschreiten der Grenzlinie vom Nachbarn erlaubt ist. Der wichtigste Fall einer derartigen zulässigen Grenzüberschreitung, der daher im Nds. NachbarG auch eingehend geregelt ist, ist die sog. Nachbarwand, früher auch vielfach Kommunmauer genannt.

1) BGH, Urteil vom 23. 9. 1988 – V ZR 231/87 – NJW 1989, 221
2) Dies gilt auch dann, wenn der Sonderrechtsnachfolger des Eigentümers dem Überbau zugestimmt hat, BGH, Urteil vom 21. 1. 1983 – V ZR 154/81 – MDR 1983, 568
3) BGH, Urteil vom 4. 4. 1986 – V ZR 17/85 – MDR 1986, 835

Nachbarwand

Eine Nachbarwand ist eine auf der Grenze zweier benachbarter Grundstücke errichtete Wand, die mit einem Teil ihrer Wandstärke[1)] auf jedem der beiden Nachbargrundstücke steht und als einheitliche Abschlußwand der beiden benachbarten Gebäude dient oder sonst für eines der beiden Nachbargrundstücke statisch notwendig ist. Eine derartige Nachbarwand kann nur im Einvernehmen beider Nachbarn errichtet werden, wobei der umfassende Ausdruck „Einvernehmen" des Gesetzes sowohl die vorherige Genehmigung als auch die nachträgliche Zustimmung des Nachbarn umfaßt. Eine vom Nachbarn nicht gebilligte „Kommunmauer" – um hier noch einmal den alten Ausdruck zu gebrauchen – ist niemals „Nachbarwand", sie bleibt „Überbau" mit allen gesetzlichen Folgen. Es kann also keinem Grundstückseigentümer eine „Nachbarwand" aufgedrängt werden.

Da zur Entstehung einer Nachbarwand im Sinne des Gesetzes also vertragliche Vereinbarungen erforderlich sind, empfiehlt es sich, im Rahmen dieses Erlaubnisvertrages auch gleich die Folgen der Errichtung einer gemeinsamen Abschlußwand eingehend zu regeln. Die im Nds. NachbarG getroffenen, sehr eingehenden Vorschriften sind, wie fast alle Bestimmungen des Nachbarrechts, nachgiebigen Rechts, sie gelten nur, soweit die Parteien nichts anderes vereinbart haben. Da sie trotz ihrer Ausführlichkeit den Gegebenheiten des Einzelfalls nicht immer gerecht werden, sollten Nachbarn bei der Verständigung über die Errichtung der Nachbarwand gleich die dem Einzelfall entsprechenden vertraglichen Vereinbarungen ergänzend zu den gesetzlichen Bestimmungen oder an ihrer Stelle treffen.

Die nachstehend erörterten Regelungen gelten also nur, wenn Nachbarn zwar die Errichtung der Nachbarwand, sonst aber nichts Näheres vereinbart haben.

Da die Nachbarwand kein Überbau ist, entfallen bei ihr auch Ansprüche auf Überbaurente oder Abkauf des Grund und Bodens, auf dem sie steht. Doch kann aus der Nachbarwand nachträglich ein Überbau werden, wenn sie wieder beseitigt wird, bevor der Nachbar angebaut hat. Es ist dann nämlich für die ganze Zeit ihres Bestehens die Überbaurente nachzuzahlen. Da sie ihrem eigentlichen Zweck, zwei Nachbarhäusern als Abschlußwand zu dienen, infolge des vorzeitigen Abbruchs nie gerecht geworden ist, wird sie rückwirkend als Überbau angesehen.

1) (das Gesetz sagt „Dicke" dazu)

Nachbarwand

Bei einer Nachbarwand sind drei Phasen der Entwicklung zu unterscheiden: die Errichtung, der Anbau und der spätere Abbruch.

Im allgemeinen werden keine besonderen Schwierigkeiten entstehen, wenn beide Nachbarn gleichzeitig bauen und abbrechen, da sich Kostenbeteiligung und gemeinsame Unterhaltung der Wand dann praktisch von selbst ergeben. Meistens wird aber einer der Nachbarn zuerst bauen und mit der Nachbarwand eine Vorleistung erbringen, die später vom anderen Nachbarn entsprechend honoriert werden muß.

Schon bei der Errichtung ist der zuerst bauende Nachbar gebunden: Er muß die Wand so ausführen, daß sie den Bauvorhaben beider Nachbarn genügt. Dabei kann er davon ausgehen, daß der Nachbar nichts anderes bauen wird als er selbst, die Wand muß also so gebaut werden, daß sie für zwei gleichartige Häuser ausreicht. Soll das Haus des Nachbarn anders werden als sein eigenes, so daß beim Bau der Wand auf erhöhte Anforderungen Rücksicht genommen werden muß, dann müssen die näheren Einzelheiten vereinbart werden.

Die Bauart der Nachbarwand beeinflußt auch ihre Stellung auf der Grenze. Grundsätzlich steht sie halbscheidig, also mit der Hälfte ihrer Dicke auf jedem Grundstück. Muß sie mit Rücksicht auf eines der beiden Nachbarhäuser dicker werden, als das bei zwei gleichen Häusern nötig wäre, so kann sie entsprechend auf das betreffende Grundstück verschoben werden. Wird sie zu weit auf das Nachbargrundstück verschoben, dann ist sie insoweit wieder „Überbau", für den Rente oder Abkauf des Grundstücksteils verlangt werden kann. Der zuerst Bauende ist natürlich nicht gehindert, die Wand weiter auf sein Grundstück herüberzuziehen, als nach diesen Vorschriften vorgesehen.

Steht die Nachbarwand als Abschluß eines der beiden Gebäude, dann kann der andere Nachbar jederzeit anbauen, denn dazu ist sie ja bestimmt. Er muß dabei nach den anerkannten Regeln der Baukunst verfahren, darf aber in dem nötigen Umfang in den Besitzstand des zuerst Bauenden eingreifen. Er darf die Dachziegel des schon stehenden Hauses vorübergehend entfernen, wenn es nötig ist, um sein eigenes Gebäude reibungslos anzuschließen, oder darf in die Nachbarwand Löcher schlagen, um für Balken seines Gebäudes die nötige Stütze zu bekommen. Unter gewissen Umständen, die nachstehend bei der Erörterung der Grenzwand näher erläutert werden, darf er die Nachbarwand auch unterfangen.

Damit der Nachbar sich auf diese möglicherweise recht einschneidenden Eingriffe in sein Gebäude einstellen kann, ist ausdrücklich vorgeschrieben, daß alle Einzelheiten des Anbaus ihm zwei Monate vor Beginn der Arbeiten angezeigt werden müssen. Vor Ablauf dieser Frist darf mit dem Bau nicht begonnen werden. Der Nachbar soll aber etwaige Einwendungen baldmöglichst erheben. Läßt er die Zweimonatsfrist verstreichen, so kann auch ohne Antwort von ihm mit dem Anbau begonnen werden.

Die Anzeige ist an den Eigentümer des Nachbargrundstücks zu richten, im Falle des Erbbaurechts an den Erbbauberechtigten. Sind diese praktisch nicht erreichbar, weil ihr Aufenthalt unbekannt ist oder sie im Ausland leben, dann kann die Anzeige auch an den Mieter, Pächter oder sonstigen Nutzungsberechtigten des Nachbargrundstücks gerichtet werden.

Mit dem Anbau an die Nachbarwand werden Vergütungsansprüche des Eigentümers des früher errichteten Hauses ausgelöst, der ja die Gesamtkosten der Wand vorweg getragen hat. Die Vergütung ist dann, wenn der Anbau im Rohbau fertiggestellt ist, an denjenigen zu zahlen, der dann Eigentümer oder Erbbauberechtigter ist. Ist das Haus mit der Nachbarwand nach dem Bau verkauft worden, hat also nicht der Bauherr die Vergütung zu beanspruchen. Das Gesetz geht von der wohl regelmäßig zutreffenden Annahme aus, daß der Käufer eines derartigen Hauses für die Nachbarwand im Rahmen des Kaufpreises mit bezahlt hat.

Der Bau einer Nachbarwand ist also für den Bauherrn, der sie errichtet, ein reines Spekulationsgeschäft. Baut nämlich der Nachbar nie an oder baut er später ganz auf seinem Grundstück mit eigener Grenzwand (was er stets darf, weil nur ein Anbau r e c h t , keine Anbau p f l i c h t besteht), dann erhält der Bauherr der Nachbarwand niemals eine Vergütung für seine Mehraufwendungen.

Für die Höhe der Vergütung ist das Maß der Inanspruchnahme durch den anbauenden Nachbarn maßgebend. Benutzt er die gesamte Wand, wird sein Haus also gleich hoch und gleich tief wie das des Nachbarn, muß er die Hälfte des Zeitwertes der Wand vergüten, vorausgesetzt, daß die Nachbarwand normal dick ist und halbscheidig auf der Grenze steht.

Braucht der anbauende Nachbar nur einen Teil der Nachbarwand, weil sein Haus kleiner wird als das des Nachbarn, dann bemißt sich die Vergütung nach der Hälfte des Wandteils, der zum Anbau in Anspruch genommen wird.

Die Höhe der Vergütung wird aber auch durch die Bauweise der Nachbarwand beeinflußt. Je nachdem, ob sie im Interesse des einen oder anderen Nachbarhauses kräftiger oder kostspieliger hergestellt ist, ist die Vergütung angemessen zu erhöhen oder zu ermäßigen. Wenn also der Nachbar A in seinem Hause Maschinen aufstellen will und die Nachbarwand deshalb 10 cm dicker als normal werden muß, braucht der Nachbar B, für den eine normale Wand genügt hätte, im Falle des Anbaus nicht den halben Wert der Wand, sondern nur einen entsprechenden ermäßigten Betrag zu vergüten.

In gleicher Weise beeinflußt die Stellung der Wand auf der Grenze die Höhe der Vergütung. Wie oben[1)] dargelegt, ist die Wand grundsätzlich halbscheidig auf die Grenze zu setzen. Sie darf aber weiter auf das eine oder andere Nachbargrundstück herüberragen, wenn einer der beiden geplanten Bauten eine dickere Wand erfordert. Weicht nun die tatsächliche Stellung der Wand auf der Grenze von dieser Regelung ab, dann ist das bei der Berechnung der Vergütung zu berücksichtigen, indem die Vergütung um den Wert des zuviel in Anspruch genommenen Bodens gekürzt oder im anderen Falle um den Wert des zu wenig in Anspruch genommenen Bodens erhöht wird.

Für die Berechnung der Vergütung ist nicht von den ursprünglichen Baukosten, sondern von den Baukosten im Zeitpunkt der Fälligkeit auszugehen, also von den üblichen Baukosten in dem Zeitpunkt, in dem der Anbau im Rohbau fertig ist. Dabei sind aber Alter und tatsächlicher Zustand der Nachbarwand zu berücksichtigen.

Der Vergütungsberechtigte kann Sicherheitsleistung verlangen, wenn die Vergütung voraussichtlich über 2 000 DM hinausgehen wird. Mit dem Anbau darf dann nicht vor Gestellung der Sicherheit begonnen werden.

Diese komplizierte Berechnungsweise sollte die Nachbarn veranlassen, wenigstens die Vergütungsfrage vertraglich zu regeln oder sich vorzeitig über die Ablösung des späteren Vergütungsanspruchs seitens des Späterbauenden zu einigen.

Auch beim Abbruch eines der beiden benachbarten Gebäude und der Beseitigung der Nachbarwand ist auf die Belange des Nachbarn entsprechend Rücksicht zu nehmen.

---

1) o. S. 26

Der Abbruch eines der beiden Häuser ist dem Nachbarn genau so 2 Monate vorher anzuzeigen wie der Anbau. Der Nachbar kann Einwendungen erheben. Tut er das nicht, muß auf jeden Fall der Fristablauf vor Beginn der Arbeiten abgewartet werden. Wird das abgebrochene Gebäude nicht wieder errichtet, muß der Eigentümer des abgebrochenen Hauses die stehenbleibende Nachbarwand in einem für eine Außenwand brauchbaren Zustand versetzen, sie also verputzen oder ortsüblich verkleiden lassen. Manchmal kommen beim Abbruch insbesondere älterer Gebäude Wände zum Vorschein, die für eine Außenwand gänzlich ungeeignet sind. In diesem Fall müssen beide Nachbarn die Kosten der Herrichtung und Instandsetzung gemeinsam tragen.

Da die einmal errichtete Nachbarwand eine gemeinschaftliche Grenzanlage ist, darf sie auch vor dem Anbau nicht ohne Einwilligung des Nachbarn wieder entfernt werden. Schließlich hat der Nachbar, nachdem er die Errichtung der Nachbarwand einmal gestattet hat, sich mit seinen Plänen möglicherweise darauf eingestellt und daher ein Interesse daran, daß die Wand solange stehen bleibt, bis er sein geplantes Haus errichtet hat. Andererseits kann man dem abbruchwilligen Eigentümer des schon stehenden Hauses nicht zumuten, auf unabsehbare Zeit hinaus sein Haus dem Nachbarn zuliebe wenigstens teilweise stehen zu lassen, denn ohne entsprechende Stütze durch Teile des anschließenden Hauses ist die Mauer nicht genügend standfest.

Dieser Interessengegensatz hat zu einer eingehenden Regelung im Gesetz geführt. Soll eine Nachbarwand abgebrochen werden, bevor das Nachbargebäude angebaut worden ist, dann muß der Abbruchwillige diese Absicht dem Nachbarn schriftlich mitteilen. Die Mitteilung ist an den Eigentümer oder Erbbauberechtigten des Nachbargrundstücks zu richten; sind diese nicht erreichbar, an den Mieter, Pächter oder sonstigen unmittelbaren Besitzer.[1)]

Der Nachbar kann innerhalb einer Frist von 2 Monaten widersprechen. Erhebt er keinen Widerspruch, so kann mit dem Abbruch angefangen werden, die Einwilligung gilt dann als erteilt.

Um zu verhindern, daß der Nachbar mit seinem Widerspruch praktisch jede Änderung des bestehenden Gebäudes verhindert, ist weiter vorgesehen, daß er nun seinerseits seinen Bau, für den er die

1) s. dazu auch die Regelung bei der Anzeige des geplanten Anbaues S. 28

Nachbarwand benötigt, beginnt. Er muß innerhalb von 6 Monaten nach Empfang der Erklärung über den beabsichtigten Abbruch einen Bauantrag auf Genehmigung des Anbaus bei der Baubehörde einreichen und von der erteilten Baugenehmigung innerhalb eines Jahres Gebrauch machen. Tut er das nicht oder wird die Baugenehmigung endgültig abgelehnt, dann kann trotz des Widerspruchs mit dem Abbruch begonnen werden, die Einwilligung gilt dann als erteilt.

Wer beim Abbruch einer Nachbarwand eigenmächtig vorgeht, ohne auf die Einwilligung des Nachbarn zu warten, muß im Zweifel später, wenn das Nachbarhaus im Rohbau fertig ist, Ersatz leisten für den Schaden, den der Nachbar dadurch erleidet, daß er nun eine eigene, kostspielige Abschlußwand errichten muß.

Für die Unterhaltungskosten der Nachbarwand hat vor dem Anbau derjenige allein aufzukommen, als dessen Abschlußwand die Nachbarwand zunächst dient. Nach dem Anbau müssen beide Nachbarn die Unterhaltungskosten gemeinsam tragen, im allgemeinen hälftig, aber nur insoweit die Nachbarwand auch tatsächlich als gemeinsame Abschlußwand beider Gebäude dient. Ist also eines der beiden Häuser kleiner, so sind nicht die Unterhaltungskosten der ganzen Wand gemeinsam zu tragen, sondern nur die des Teiles, der auch tatsächlich gemeinsam genutzt wird. Dabei ist schließlich auch noch die durch die Verhältnisse eines der beiden Häuser geforderte bessere oder stärkere Bauausführung der Wand zu berücksichtigen, wodurch sich die Unterhaltslast entsprechend auf den einen oder anderen der beiden Nachbarn verschieben kann.

Nach dem Abbruch eines der beiden Nachbarhäuser sind die Unterhaltungskosten ganz von dem Eigentümer des stehenbleibenden Hauses zu tragen, weil die Wand jetzt seine Wand ist.

Schließlich erweist sich oft beim späteren Anbau, daß die Nachbarwand so, wie sie steht, für das geplante Nachbargebäude nicht brauchbar ist, sie muß erhöht oder verstärkt werden. Beides ist möglich, die Erhöhung allerdings nur mit schriftlicher Einwilligung des Nachbarn. Diese darf jedoch nur mit triftigen Gründen verweigert werden. Die Einwilligung in die Erhöhung kann vom Nachbarn verlangt werden, wenn für sein Haus keine oder nur geringfügige Beeinträchtigungen zu erwarten sind. Auch für diesen erhöhten Teil gelten hinsichtlich Bauart und Bauausführung alle

Vorschriften für die Nachbarwand. Sie ist ebenfalls Nachbarwand im Sinne des Gesetzes und muß so gestaltet werden, daß der andere Nachbar später bei Erhöhung seines Hauses wiederum anbauen kann. Für Vergütung im Falle des Anbaues, für die Erhöhung und für die Unterhaltskosten sowie für die Wiederbeseitigung gelten die oben für die Nachbarwand allgemein dargestellten Bestimmungen.

Beim Bau der Erhöhung kann, soweit das bautechnisch erforderlich ist, in die Bausubstanz des bereits stehenden Hauses eingegriffen werden. Für die Beseitigung dadurch eintretender Schäden und für den reibungslosen Wiederanschluß des stehenden Hauses an die erhöhte Wand ist der Bauherr der Erhöhung verantwortlich.

Die Erhöhung muß grundsätzlich auf die Mitte der bestehenden Wand gesetzt werden, wenn sie nicht in gleicher Dicke weitergeführt wird. Abweichendes muß von den Nachbarn ausdrücklich vereinbart werden. Eine falsch gesetzte Erhöhung kann wieder „Überbau" mit allen daraus resultierenden Folgen sein. Eine Verstärkung der Nachbarwand auf seinem Grundstück kann jeder der Nachbarn vornehmen, falls sie erforderlich ist. Er muß die Absicht nur in gewohnter Weise 2 Monate vorher dem Eigentümer, Erbbauberechtigten, dem Mieter, Pächter oder dem sonstigen unmittelbaren Besitzer des Nachbargrundstücks mitteilen. Sollte dabei irgendein Schaden am anderen Hause entstehen, so ist auch ohne Verschulden voller Ersatz zu gewähren, etwaiges Mitverschulden des Geschädigten ist entsprechend zu berücksichtigen. Sicherheit kann verlangt werden, wenn ein Schaden von mehr als 2 000 DM droht. Vor Gestellung der Sicherheit darf mit den Arbeiten nicht angefangen werden.

Gelegentlich kann es vorkommen, daß der Nachbar bei Errichtung seines Gebäudes auf die Benutzung der früher im gegenseitigen Einvernehmen errichteten Nachbarwand verzichtet. Das kann er, ohne daß dadurch Vergütungsansprüche fällig werden. Der Errichter der Nachbarwand bekommt dann nichts für seine Vorleistung, die Errichtung der Nachbarwand war dann eine fehlgegangene Spekulation. Selbstverständlich kann diese unerwünschte Folge bei den Vereinbarungen über die Errichtung der Nachbarwand vertraglich ausgeschlossen werden.[1]

---

1) s. oben S. 26

In diesem Fall ergibt sich aber ein weiteres Problem: Wird das Gebäude mit der Nachbarwand abgerissen und durch ein neues Haus ersetzt, so dürfte an sich beim Neubau die Grenze nicht wieder überschritten werden. Da die Nachbarwand aber teilweise auf der Grenze stand, der Nachbar jedoch daneben gebaut hat, würde so eine unerwünschte schmale Lücke entstehen. Das Gesetz gestattet daher in diesem Fall die Errichtung der Abschlußwand des wiederaufgebauten Hauses auf dem Platz der Nachbarwand, also mit geringfügiger Überschreitung der Grenze, ohne daß die Überbauvorschriften (Rente, Abkaufsrecht) zum Zuge kommen. Soweit für das Errichten, den Anbau, das Erhöhen, Verstärken, den Unterhalt, den Abbruch und die Beseitigung der Nachbarwand eine Baugenehmigung erforderlich ist, wird diese ungeachtet privater Rechte erteilt.[1)] Der Nachbar des Bauherrn kann also alle Ansprüche aus dem Nachbarrechtsgesetz im Zivilrechtsweg geltend machen. Die Baugenehmigung ersetzt die privat- rechtliche Einwilligung des Nachbarn nicht.

Wird mit dem Bauantrag eine Ausnahme von den Vorschriften des Bauordnungsrechts zugelassen oder soll eine Befreiung von derartigen Vorschriften erreicht werden, ist die Baubehörde gehalten, dem Nachbarn Gelegenheit zur Stellungnahme zu geben.[2)] Möchte der Nachbar nicht anbauen und ist daher die Grenzüberschreitung für ihn ohne Interesse, kann er dies gegenüber der Behörde erklären. Die Ablehnung des Nachbarn bindet die Baubehörde in ihrer Entscheidung nicht.[3)]

c) Von der Grenzwand

Von der Nachbarwand zu unterscheiden ist die Grenzwand. Sie ist eine Wand, die zwar unmittelbar an der Grenze, aber ganz auf dem Grundstück des Bauherrn steht. Als „Grenzwand“ gilt aber auch eine über die Nachbargrenze hinausgebaute Wand (Überbau), die deshalb nicht „Nachbarwand“ ist, weil es an einer rechtswirksamen Einigung der Nachbarn über die Errichtung einer Nachbarwand fehlt. Eine derartige „Grenzwand“ wird aber nachträglich zur „Nachbarwand“, wenn und sobald die Einigung zustande kommt.

---

1) vgl. Grosse-Suchsdorf, Schmaltz, Wiechert, Rdz. 88 zu § 75 NBauO

2) vgl. § 72 Abs. 2 NBauO

3) Blumenbach-Groschupf, Rdz. 1 zu § 72 NBauO

Grenzwand

Die Grenzwand kann jederzeit auch ohne Erlaubnis des Nachbarn errichtet werden, es sei denn, daß die Bauordnung die Einhaltung eines Bauwichs vorschreibt. Darüber wird im nächsten Kapitel gesprochen werden. Jedoch hat das Nds. NachbarG eine Pflicht zur Benachrichtigung des Nachbarn eingeführt, damit dieser hinsichtlich der Gründung der Wand seine Wünsche äußern kann. Wer eine Grenzwand errichten will, muß Bauart und Bemessung der geplanten Wand dem Nachbarn vor Beginn der Arbeiten anzeigen. Nachbar ist auch hier, wie bei der Anzeige des beabsichtigten Anbaus an eine Nachbarwand, der Eigentümer, Erbauberechtigte oder der sonstige unmittelbare Besitzer, Mieter, Pächter des Nachbargrundstücks.[1)]

Grenzwand im Sinne dieser Vorschriften ist auch eine neben einem Überbau oder einer später nicht ausgenutzten Nachbarwand errichtete Wand.[2)]

Auf die Anzeige hin kann der Nachbar schweigen, dann kann nach Ablauf eines Monats mit den Arbeiten begonnen werden. Er kann aber auch verlangen, daß die Grenzwand so gegründet (fundamentiert) wird, daß später bei Bau oder Erweiterung seines Hauses keine besonderen Fundamentierungsarbeiten zur Sicherung der Standfestigkeit erforderlich sind.

Soweit dadurch für den Bauherrn der Grenzwand Mehrkosten entstehen, muß sie der Nachbar tragen. Der Bauherr kann einen Vorschuß verlangen, der binnen 2 Wochen zu leisten ist. Geht der Vorschuß nicht ein, braucht er sich um das Verlangen des Nachbarn nicht zu kümmern. Den gezahlten Vorschuß kann der Nachbar ganz oder teilweise dann wieder zurückfordern, wenn die auf seinen Wunsch erfolgte besondere Fundamentierung der Grenzwand vom Bauherrn innerhalb der ersten 5 Jahre nach Errichtung auch für sein eigenes Gebäude genutzt wird. Der Nachbar hat sich dann nämlich nicht in vollem Umfang an den Gründungsmehrkosten zu beteiligen, sondern nur einen angemessenen Kostenanteil zu erstatten.

Weitere Ansprüche an Bauweise und Ausstattung der Grenzwand kann der Nachbar nicht stellen, insbesondere kann er nicht verlangen, daß die Grenzwand von vornherein für den späteren Anbau hergerichtet wird,

---

1) s. oben S. 28
2) s. oben S. 33

obwohl ihm später der Anbau gestattet werden kann. Die Grenzwand ist eben keine Nachbarwand, die von vornherein für den Anbau von beiden Nachbarn vorgesehen ist.

Der Anbau an eine Grenzwand ist also nur mit Einwilligung des Eigentümers der Wand zulässig. Es gelten dann dieselben Vorschriften wie bei der Nachbarwand hinsichtlich Vergütung und Unterhaltskosten. Bei der Vergütung ist eine vorher erfolgte Beteiligung an den Gründungskosten anzurechnen, andererseits muß die Vergütung um den Wert des Grundstückteils erhöht werden, den der Anbauende sonst für seine eigene Grenzwand hätte verwenden müssen.

Wegen des Interesses, das der Nachbar aufgrund dieser Vorschriften an der Grenzwand hat, ist ihm auch das Recht gewährt, gegen Erhöhung, Verstärkung oder Abbruch Einwendungen zu erheben. Der Eigentümer der Grenzwand hat daher auch diese geplanten Maßnahmen einen Monat vor Beginn der Arbeiten in der üblichen Form dem Nachbarn anzuzeigen.

Es hat sich in der Vergangenheit oft als außerordentlich lästig erwiesen, daß ein Bauherr, der sein Gebäude sehr tief fundamentieren wollte oder mußte, keinen Rechtsanspruch darauf hatte, das Haus des Nachbarn von unten abzustützen (zu unterfangen), wenn dieser derartige Arbeiten nicht gestattete. Er war dadurch u. U. gezwungen, seinerseits sehr kostspielige Baumethoden auf seinem Grundstück anzuwenden oder auf den geplanten Tiefbau überhaupt zu verzichten. Aus dem Gesichtspunkt des nachbarlichen Gemeinschaftsverhältnisses heraus gestattet daher jetzt das Gesetz dem Nachbarn, die Grenzwand zu unterfangen, wenn das unumgänglich nötig ist oder nur mit unzumutbaren Kosten vermieden werden könnte und wenn nicht zu befürchten ist, daß das unterfangene Gebäude dadurch erhebliche Schäden erleiden könnte. Auch hier muß die geplante Arbeit 2 Monate vorher mit allen Einzelheiten angezeigt werden, erst nach dieser Frist darf mit den Arbeiten angefangen werden, und der Nachbar kann Einwendungen erheben. Für jeden Schaden haftet der Bauherr auch ohne Verschulden und es kann Sicherheitsleistung verlangt werden, wenn der voraussichtliche Schaden mehr als 2 000 DM ausmachen wird.

Werden Nachbarhäuser nicht mit einer gemeinsamen Nachbarwand, sondern mit 2 Grenzwänden nebeneinander errichtet, so können schmale Zwischenräume entstehen, die häßlich sind und allerlei Nachteile oder Schäden verursachen können. Daher wird bestimmt, daß derjenige, der zuletzt baut, sein Haus an das Nachbarhaus einwandfrei anschließen und den Anschluß auf seine Kosten unterhalten muß. Da er die geplante Errichtung seiner Grenzwand dem Nachbarn ja ohnehin mitteilen muß[1)], ist vorgesehen, daß er bei dieser Anzeige auch Einzelheiten über den vorgesehenen Anschluß angeben muß, damit der Nachbar auch hiergegen Einwendungen erheben kann. Werden beide Nachbarhäuser gleichzeitig errichtet, müssen sich die Nachbarn in die Kosten des Anschlusses und seine Unterhaltung teilen.

Kann nach den baupolizeilichen Vorschriften ein Grundstück bis an die Grenze bebaut werden, während das Nachbargrundstück jedenfalls an dieser Grenze unbebaut bleiben muß, dann muß der Nachbar auch dulden, daß kleine Bauteile wie Dachrinnen, Dachkanten usw. in den Luftraum seines Grundstücks hineinragen. Allerdings braucht der Nachbar sich das nicht gefallen zu lassen, wenn dadurch die Benutzung seines Grundstücks beeinträchtigt wird und diese Beeinträchtigung nicht nur geringfügig, also von einer gewissen Bedeutung ist. Für Erker, Balkone und andere vorspringende Bauteile, die betreten werden können, gilt das nicht.

5. KAPITEL: Vom Grenzabstand der Gebäude, vom Bauwich, Garagen im Bauwich und vom Licht- und Fensterrecht (§§ 23 bis 25, 61, 62 Nds. NachbarG; §§ 7 bis 13, 42, 72, 75 NBauO; § 25 DVNBauO)

Entgegen einer bei Grundeigentümern weit verbreiteten Ansicht gibt es kein allgemeines Grenzabstandsrecht für Gebäude. Die Auffassung, jeder Eigentümer eines Grundstücks könne verlangen, daß der Nachbar bei Errichtung von Gebäuden einen bestimmten Abstand von der Grenze einhalten müsse und nur mit Zustimmung des Eigentümers des anderen Grundstücks an der Grenze oder innerhalb eines bestimmten Abstandes bauen dürfe, ist in dieser Allgemeinheit nicht richtig.

Im Gegenteil ergibt sich aus dem umfassenden Herrschaftsrecht des Eigentümers über sein Eigentum, daß er sein Eigentum nach Belieben

---

1) s. oben S. 34

nutzen und damit auch bebauen kann, soweit nicht das Gesetz oder Rechte Dritter dem entgegenstehen.[1] Wenn also ein Grundstückseigentümer von seinem Nachbarn verlangen will, gewisse Bauten nicht auszuführen oder einen Teil des Grundstücks, etwa einen Grenzstreifen nicht zu bebauen, muß er diesen Anspruch auf eine ganz bestimmte gesetzliche Vorschrift oder ein besonderes, ihm zustehendes Recht (z. B. Grunddienstbarkeit) stützen können.

Dabei ist nun festzustellen, daß es eine allgemeine nachbarrechtliche Vorschrift, wonach ein Grundstückseigentümer gezwungen ist, bei Errichtung von Gebäuden einen gewissen Abstand von der Grenze einzuhalten, weder im BGB noch im Nds. NachbarG gibt.

Das Nds. NachbarG schafft nur für den Außenbereich im Sinne des Baugesetzbuchs, also für das Gebiet außerhalb der geschlossenen Bebauung, für das Bauleitpläne nicht aufgestellt sind, ein Grenzabstandsrecht. Dadurch sollen im wesentlichen landwirtschaftliche Grundstücke vor übermäßiger Beschattung geschützt werden. Das Grenzabstandsrecht gilt daher auch im Außenbereich nur gegenüber landwirtschaftlich oder erwerbsgärtnerisch genutzten Grundstücken.

Von der Grenze derartiger Grundstücke muß ein Abstand von mindestens 2 m gewahrt werden. Dieser Abstand erhöht sich, wenn das Gebäude höher als 4 m ist, und zwar nach folgenden, etwas schwierigen Berechnungsmethoden:

Jeder Bauteil (also nicht das ganze Gebäude) muß mindestens halb soweit von der Grenze entfernt sein, wie er hoch ist. Die zulässige Höhe wird aber nicht vom Fußpunkt des Bauteiles gemessen, sondern von dem Punkt der Grenze, der ihm am nächsten ist. Das kann in bergigem oder abschüssigem Gelände von erheblicher Bedeutung sein.

Ein Beispiel mag das erläutern. Neben einem 3,5 m hohen Bauernhaus (bei einem normal geneigten Dach kommt es praktisch auf die Höhe der Dachkante an), das 3 m vom Acker des Nachbarn entfernt steht, soll ein 8 m hoher Silo errichtet werden. Ist das Gelände eben, so muß der Silo 4 m von der Grenze entfernt bleiben, könnte also nicht in der Flucht des Bauernhauses errichtet werden.

1) vgl. § 903 BGB

Steigt das Gelände zum Nachbarn steil an, so daß die Grenze bereits 2 m höher liegt als der Fußpunkt des Silos, dann kann der Silo bis auf 3 m an die Grenze herangerückt werden. (Formel: 8 m – 2 m = 6 m : 2 = 3 m).

Fällt dagegen das Gelände zum Nachbarn hin ab und liegt seine Grenze 2 m tiefer als der Fußpunkt des Silos, so muß der Silo 5 m von der Grenze entfernt bleiben, da die 2 m Geländeabfall seiner Höhe hinzugerechnet werden müssen. (Formel: 8 m + 2 m = 10 m : 2 = 5 m).

Ein Überschreiten der vorgeschriebenen Höhe ist nur mit Einwilligung des Nachbarn zulässig, doch kann die Einwilligung verlangt werden, wenn von dem Bauteil keine oder nur geringfügige Beeinträchtigungen zu erwarten sind. Der Eigentümer eines Ackers wird sich daher gegen einen 30 m hohen Schornstein in 3 m Abstand von seiner Grenze nicht aufgrund dieser Grenzabstandsvorschrift wehren können.

Am 1. Januar 1968 bestehende Gebäude mit geringerem Abstand können stehen bleiben, wenn sie, was meistens der Fall sein wird, dem bisherigen Recht entsprechen. Bei später errichteten Gebäuden besteht eine Ausschlußfrist von 2 Jahren nach ihrer Errichtung oder Aufstockung, innerhalb deren der Nachbar Klage auf Beseitigung erheben kann, wenn sie zu hoch sind. Die Klage muß spätestens bis zum Ende des 2. Kalenderjahres nach der Errichtung oder Aufstockung erhoben sein. Wird die Frist versäumt, können die unzulässig hohen Gebäude oder Bauteile stehen bleiben.

Im übrigen aber gilt der Grundsatz, daß jede nach öffentlichem Baurecht zulässige Bebauung vom Nachbarn hingenommen werden muß. Innerhalb des Baugebietes werden die Grenzabstände, Art und Außmaß der Bebauung und die Höhe der Gebäude durch die Niedersächsische Bauordnung (NBauO) und die Bauleitpläne der Gemeinden geregelt. Die NBauO regelt das baurechtliche Nachbarrecht, insbesondere die zulässigen und erforderlichen Grenzabstände der Gebäude jetzt einheitlich, wenn auch leider, so hinsichtlich der zulässigen Fenster, abweichend vom Niedersächsischen Nachbarrechtsgesetz. Die sehr komplexe Regelung für den Abstand der Gebäude von den Grenzen geht von dem Grundsatz aus, daß die einzelnen Gebäudeteile desto weiter von der Grundstücksgrenze entfernt sein müssen, je höher sie über dem Erdboden liegen. Eine Darstellung dieser Rechstvorschriften ist im Rahmen dieser Arbeit nicht möglich. Hier können nur einige Grundsätze aufgestellt werden, soweit sie nachbarrechtlich von Bedeutung sind.

Niedersächsische Bauordnung und Bauleitpläne sind öffentliches Recht. Sie sind im Interesse der öffentlichen Sicherheit und Ordnung erlassen und geben den Behörden das Recht, ihre Einhaltung zu überwachen, Genehmigungen zu erteilen und bei Verletzung ihrer Vorschriften einzuschreiten. Sie gewähren aber nicht dem einzelnen unmittelbare, rechtliche Ansprüche gegenüber dem Nachbarn oder Bauherrn, sondern berechtigen ihn höchstens, unter gewissen Umständen ein Einschreiten der Baubehörde zu verlangen.[1)]

Die baurechtlichen Vorschriften stellen auch nur eine gesetzliche Einschränkung der grundsätzlich noch bestehenden Baufreiheit des Grundstückeigentümers dar. Aus dem Herrschaftsrecht des Eigentümers fließt auch die Befugnis, sein Grundstück nach Belieben zu bebauen, soweit nicht gesetzliche Bestimmungen dem entgegenstehen. Zwar ist dieser Grundsatz der Baufreiheit durch die bis ins einzelne gehenden Bauvorschriften fast bis zur Unkenntlichkeit verstümmelt, aber immerhin fußt darauf noch der Charakter der behördlichen Baugenehmigung als einer sog. gebundenen Genehmigung: die Baubehörde muß die Baugenehmigung erteilen, wenn der geplante Bau den baurechtlichen Vorschriften entspricht. Der Bauherr kann auf Erteilung der Baugenehmigung klagen, wenn seinem geplanten Gebäude keine baurechtlichen Hindernisse entgegenstehen. Die Baubehörde kann eine beantragte Baugenehmigung nur versagen, wenn das Bauvorhaben in irgendeiner Hinsicht gegen die bestehenden Bauvorschriften verstößt, wobei es allerdings viele Vorschriften gibt, die den Bauordnungsämtern einen erheblichen Ermessensspielraum einräumen.

Im Verhältnis der Nachbarn untereinander bedeutet dies, daß kein Grundstückseigentümer sich gegen ein Gebäude auf dem Nachbargrundstück wehren kann, das den baurechtlichen Vorschriften entspricht und daher von der Baubehörde genehmigt werden muß. Die Baubehörde braucht in derartigen Fällen den Nachbarn nicht zu hören und darf seinen etwaigen Widerspruch gar nicht beachten. Sieht etwa die Bauvorschrift eine Grenzbebauung vor oder läßt sie sie unter gewissen Umständen zu, so kann der Nachbar weder gegen den Bauherrn noch gegen die Baubehörde vorgehen, wenn mit Baugenehmigung auf der Grenze gebaut wird. Auch Aufstockungen, Anbauten oder sonstige bauliche Verände-

1) s. a. oben S. 3

rungen können nicht verhindert werden, wenn sie sich im Rahmen der Bauvorschriften halten.

Nun haben aber die Baubehörden die Möglichkeit, von den Vorschriften der Bauordnung Ausnahmen zu bewilligen. Es können also unter gewissen Umständen Bauten gestattet werden, die nach der Bauordnung nicht zulässig sind. Bei der Erteilung derartiger Ausnahmebaugenehmigungen müsen nun von der Baubehörde in gewissen Fällen die Belange des Nachbarn berücksichtigt werden.

Die Rechtsprechung[1)] der Verwaltungsgerichte und die Lehre haben den Begriff der „Bauvorschriften nachbarschützenden Inhalts" geschaffen, von denen eine Ausnahme nur in besonderen Fällen und nach Anhörung der Nachbarn bewilligt werden darf. In diesen Fällen kann sich der Nachbar ggf. gegen eine als Ausnahme gewährte Baugenehmigung und damit indirekt gegen den Bau auf dem Nachbargrundstück wehren, ohne daß allerdings seinem Widerspruch unbedingt in jedem Fall entsprochen werden muß. Vielmehr hat die Baubehörde zu prüfen, ob die Verweigerung der Ausnahmegenehmigung nicht zu einer nicht beabsichtigten Härte führen würde oder ihre Erteilung sogar in öffentlichem Interesse liegt. Wer sich gegen eine derartige Ausnahmegenehmigung von Bauvorschriften nachbarschützenden Inhalts wenden will, kann das nun aber nicht im Wege der Klage oder einstweiligen Verfügung gegen den Nachbarn vor dem ordentlichen Gericht tun, sondern muß sich der Rechtsmittel des Verwaltungsstreitverfahrens (Widerspruch und Klage vor dem Verwaltungsgericht) gegen die Behörde bedienen, weil diese ihn durch Erteilung der Ausnahme an den Nachbarn ohne Berücksichtigung seiner Interessen in seinen Rechten verletzt hat. Der Nachbar tut nur recht damit, daß er auf Grund der ihm erteilten Ausnahmegenehmigung mit dem Bau anfängt.

Der wichtigste Fall einer Bauvorschrift nachbarschützenden Inhalts ist der Bauwich[2)]. Die Niedersächsische Bauordnung und Bauleitpläne unterscheiden zwischen Gebieten geschlossener Bauweise, in denen Grenzbebauung vorgeschrieben oder mindestens zugelassen ist und Gebieten offener Bauweise, in denen ein Grenzabstand eingehalten werden muß.

---

1) vgl. Dehner A § 7 II; Grosse-Suchsdorf, Schmaltz, Wiechert, Rdz. 9 f. zu § 72 NBauO

2) Als Bauwich bezeichnet man den nach den Ländervorschriften einzuhaltenen Abstand zwischen Gebäuden

Innerhalb des Bauwichs darf grundsätzlich nichts gebaut werden, doch kann die Behörde im Wege der Ausnahmegenehmigung die Bebauung des Bauwichs ganz oder teilweise zulassen. Doch muß sie dann, wie oben dargelegt, auf die Belange des Nachbarn entsprechende Rücksicht nehmen. Sie soll ihm vor Erteilung der Ausnahmegenehmigung Gelegenheit zur Stellungnahme innerhalb angemessener Frist geben. Der Nachbar kann dann Einwendungen gegen die Erteilung der Baugenehmigung erheben. Tut er das, so muß ihm eine etwa doch erteilte Ausnahmegenehmigung ebenfalls formell zugestellt werden. Dabei muß die Behörde nach dem Verwaltungsverfahrensgesetz begründen, warum sie den Einwendungen nicht entsprochen hat. Der Nachbar kann die Erteilung der Baugenehmigung dann im Verwaltungsstreitverfahren angreifen, also gegen die Genehmigung bei der Baubehörde Widerspruch einlegen und gegen deren ablehnenden Bescheid Klage beim Verwaltungsgericht erheben. Ob er damit Erfolg hat, hängt natürlich weitgehend davon ab, ob nicht überwiegende öffentlich-rechtliche Gründe für die Erteilung der Ausnahmegenehmigung sprechen. Jedenfalls aber gewähren diese öffentlich-rechtlichen Bestimmungen über den Bauwich keinen unmittelbaren Rechtsanspruch gegen den Nachbarn auf Einhaltung des Abstandes, denn auch sie sind im Interesse der Allgemeinheit zum Schutz des öffentlichen Interesses an gesunder, aufgelockerter, ästhetisch wirkender Bauweise erlassen[1)].

Ein besonderes Problem stellen die Garagen im Bauwich dar. Für Garagen enthält die NBauO jetzt bestimmte Vorschriften; bis zu einer gewissen Größe und Länge dürfen Garagen und Schuppen an der Grenze errichtet werden ohne Rücksicht auf Zustimmung des Nachbarn und unabhängig davon, ob sie auch an anderer Stelle des Grundstücks untergebracht werden könnten[2)].

Ein weiteres rein nachbarrechtliches Grenzabstandsrecht ergibt sich durch das vom Nds. NachbarG geschaffene Licht- und Fensterrecht. Unabhängig davon, was die Bauordnung hinsichtlich der Zulässigkeit von Fenstern und Türen in Wänden an der Grenze vorschreibt, dürfen Fenster, Türen, Balkone und Terrassen an und in Hauswänden nicht angebracht

---

1) vgl. Grosse-Suchsdorf, Schmaltz, Wiechert, Rdz. 7 zu § 7 NBauO

2) Nach § 12 Abs. 1 NBauO dürfen die Garagen eine Grundfläche von 36 m² nicht überschreiten, die Gesamtlänge darf an keiner Grenze größer als 9 m sein und die Höhe 3 m nicht übersteigen

werden, die parallel zur Grundstücksgrenze oder in einem Winkel bis zu 75° zur Grenze laufen, wenn der Abstand geringer als 2,5 m ist. In einer im Winkel von 60° zur Grenze laufenden Außenwand, die mit einer Ecke an die Grenze stößt, dürfen also auf den ersten 2,5 m keine Fenster und Türen, Balkone und Terrassen angebracht werden. Für Wände an und neben Straßen, Wegen und Plätzen gilt das natürlich nicht, auch nicht für Wände neben Gewässern, wenn diese mehr als 2,5 m breit sind.

Der Nachbar kann Fenstern, Türen, Balkonen und Terrassen in diesem „Schutzbereich" von 2,5 m zustimmen, sollte sich das aber genau überlegen. Zur Wahrung des Lichtrechts muß er selbst nämlich von Fenstern, die er dergestalt im Schutzbereich genehmigt hat (nicht allerdings von Türen, Balkonen und Terrassen) mit eigenen, später errichteten Gebäuden 2,5 m entfernt bleiben. Wer also seinem Nachbarn Fenster in der Grenzwand gestattet, welche die Baubehörde auch genehmigte, muß er später, wenn er baut, einen Grenzabstand von 2,5 m wahren, auch wenn die Bauordnung möglicherweise eine Grenzbebauung zuläßt. Hat ein Nachbar in einen geringeren Grenzabstand eines Fensters als 2,50 m eingewilligt, dann kann er sich auch nicht auf eine Beeinträchtigung durch einen später errichteten Ersatzbau berufen, wenn dieser den Lichteinfall nicht stärker beschränkt als das ursprüngliche Gebäude[1)].

Durch dieses Fenster- und Lichtrecht soll in erster Linie die Intimsphäre des Nachbarn geschützt werden, der vor Einblicken in sein Grundstück bewahrt werden soll. Deshalb sind Glasbausteine oder ähnliche lichtdurchlässige, aber undurchsichtige und schalldämmende Bauteile auch im Schutzbereich zulässig.

Was an Fenstern, Türen, Balkonen oder Terrassen am 1. Januar 1968 vorhanden ist und dem neuen Recht widerspricht, aber dem bisherigen Recht, das im größten Teil Niedersachsens kein Licht- und Fensterrecht kannte, zulässig war, kann bestehen bleiben. Ob und inwieweit der Nachbar auf diese Fenster, Türen, Balkone und Terrassen aus der Zeit vor dem 1. Januar 1968 Rücksicht nehmen muß, ist neuerdings umstritten. Die Rechtsprechung[2)] unterstellt in zunehmendem Maße, daß der Nachbar früher den Fenstern und anderen Öffnungen, die auf sein Grundstück hinausgehen, „zugestimmt" habe, wenn auch nur stillschweigend durch

1) OLG Braunschweig, Urteil vom 4. 1. 1991 – 2 U 142/90 – Nds.Rpfl. 1991, 49
2) vgl. dazu BVerwG, Beschluß vom 18. 1. 1988 – 4 B 257/87 – NJW 1988, 1806

Duldung und daß er jetzt, wenn er baut, daran gebunden ist, selbst wenn zwischenzeitlich ein Eigentumsvorbehalt stattgefunden hat. Das erscheint nicht ganz logisch, da ja vor 1968 gegen diese Öffnungen in der dem Nachbarn zugewandten Wand nichts unternommen werden konnte, muß aber wohl als Ergebnis der Rechtsprechung hingenommen werden. Öffentlich-rechtlich kann übrigens die Baubehörde auch in Gebieten geschlossener Bauweise Grenzabstände verlangen, wenn sonst vorhandene Fenster und Türen auf dem Nachbargrundstück zugebaut würden.

Auch hier gilt wieder eine Ausschlußfrist, um eine schikanöse Geltendmachung der Rechte aus dem Licht- und Fensterrecht zu vermeiden. Baut jemand ohne Erlaubnis des Nachbarn innerhalb des Schutzbereichs Fenster, Türen, Balkone und Terrassen, so können sie stehen bleiben, wenn der Nachbar nicht spätestens bis zum Ablauf des 2. Kalenderjahres nach ihrer Errichtung auf Beseitigung geklagt hat. Ein Balkon in der dem Nachbarn zugekehrten Seitenwand des Hauses, 1 m von der Grenze entfernt, der im März 1968 errichtet wurde, kann also bestehen bleiben, wenn der Nachbar nicht bis zum 31. Dezember 1970 Klage auf Beseitigung erhoben hatte. Beim Ersatz des Hauses durch einen Neubau sind aber wieder die Vorschriften des Nds. NachbarG maßgebend.

Sonstige Beschränkungen der Baufreiheit für den Grundstückseigentümer können sich schließlich aus Verträgen zwischen den Nachbarn, insbesondere aus Grunddienstbarkeiten ergeben. Wer behaupten will, daß ihm insoweit Rechte zustehen, muß sie beweisen. Maßgebend dafür sind vor allem Grundbucheintragungen.[1)]

6. KAPITEL: Von gefährlichen Anlagen auf dem Nachbargrundstück und vom Lärm, Staub, Rauch und anderen Immissionen (§§ 906 bis 908 BGB)

Weitergehende Rechte und Ansprüche hinsichtlich Baulichkeiten und sonstigen Anlagen auf dem Nachbargrundstück, als sie im vorigen Kapitel beschrieben wurden, hat der Eigentümer gegenüber den „gefahrdrohenden Anlagen“ auf dem Nachbargrundstück. Ein Grundstücks-

1) Siehe dazu auch die Ausführungen im Kapitel 7

eigentümer kann verlangen, daß auf Nachbargrundstücken keine Anlagen hergestellt oder gehalten werden, von denen mit Sicherheit vorauszusehen ist, daß von ihnen unzulässige Einwirkungen auf sein Grundstück ausgehen. Anlagen sind dabei auf jeden Fall künstlich geschaffene Einrichtungen von gewisser Beständigkeit und Selbständigkeit. Im allgemeinen werden es Bauwerke sein, können aber auch andere Werke sein, wie etwa Teiche, Gräben[1)], Dunggruben, Schlamm- und Sandhalden[2)], aber auch Bienenkörbe und Taubenschläge[3)]. Einwirkungen sind dann unzulässig, wenn der Grundstückseigentümer sie nicht hinzunehmen braucht, worüber nachstehend Näheres gesagt werden wird. Es muß sich um außen eindringende, sinnlich wahrnehmbare sog. „Immisionen" handeln. Negative Auswirkungen einer Anlage wie Entziehung von Licht, Luft oder Aussicht sind keine „Einwirkungen"[4)]. Anspruchsberechtigt sind in diesem Fall nicht nur die unmittelbaren Nachbarn, sondern alle, die von den unzulässigen Einwirkungen berührt werden, bei Geruchsbelästigungen durch eine Abdeckerei auch diejenigen, die in größerer Entfernung wohnen[5)].

Die unzulässigen Einwirkungen können durch den Bestand oder die Benutzung der Anlage hervorgerufen werden. Wenn mitten in einem allgemeinen Wohngebiet in einem offenen Zwinger mehr als zwei große Hunde gehalten werden, ist dies für den Nachbarn unzumutbar. Ein Antrag auf Bau eines Hundezwingers ist daher zu Recht von der Baugenehmigungsbehörde zurückgewiesen worden[6)]. Bei einem verschlammten Teich ist es der Zustand, der die unzulässigen Einwirkungen auslöst, üble Gerüche, Froschgequake[7)] und Mückenplage. Bei einem Fabrikgebäude ist es die Benutzung, die Art des Fabrikbetriebes, die zu unzulässigen Einwirkungen führt.

Grundsätzlich kann der Eigentümer schon vorbeugend gegen derartige Anlagen vorgehen. Er kann durch Unterlassungsklage erreichen, daß eine

1) Palandt, Anm. 1 zu § 907 BGB
2) Mü Ko Säcker, Rdz. 2, 5 zu § 907 BGB
3) Palandt, aaO
4) s. S. 46 f.
5) Mü Ko, Säcker, Rdz. 20 zu § 906 BGB
6) VG Braunschweig, Urteil vom 22. 11. 1990 – 2 A 2087/90 –
7) Löst unter Umständen Aufopferungsanspruch aus, wenn Beseitigung aus naturschutzrechtlichen Gründen nicht verlangt werden kann (vgl. OLG München, Urteil vom 21. 1. 1991 – 17 U 2577/90 – DWW 1991, 107; Pfeifer, S. 43, s. a. S. 49)

derartige Anlage überhaupt gar nicht erst entsteht. Doch ist diese Möglichkeit dadurch stark eingeschränkt, daß gegen Anlagen, die landesgesetzlichen Vorschriften über einen einzuhaltenden Grenzabstand oder sonstigen Schutzmaßregeln genügen, erst dann vorgegangen werden kann, wenn unzulässige Einwirkungen tatsächlich eintreten. Der Kreis derjenigen Anlagen, die gewerberechtlich besonders genehmigt werden müssen, ist neuerdings erheblich erweitert worden. Zugleich ist die Baufreiheit durch die Bauleitplanung nach dem Baugesetzbuch und verschärfte Bauordnungen so eingeschränkt, daß kaum noch gefährliche Anlagen ohne behördliche Genehmigung und Auflagen errichtet werden können. Eine vorbeugende Unterlassungsklage ist nur noch ausnahmsweise möglich.

Ist hiernach ein vorbeugender Unterlassungsanspruch nicht gegeben, kann nach dem Gesetz grundsätzlich Beseitigung der Anlage verlangt werden, wenn die unzulässigen Einwirkungen tatsächlich auftreten, doch kommt auch dieser Anspruch gegenüber den behördlich genehmigten Anlagen – und dazu gehören nach heutigem Recht fast alle gewerblichen Betriebe – nicht mehr zum Zuge. In diesen Fällen kann nämlich nicht Beseitigung der Anlage oder Einstellung des Betriebes verlangt werden, sondern nur die Schaffung von Einrichtungen, die die Einwirkungen auf ein erträgliches Maß herabsetzen und sie weitgehend ausschließen. Ist das nicht möglich, bleibt nur der Anspruch auf Entschädigung für die Nachteile.

Praktische Bedeutung hat der Beseitigungsanspruch also nur noch da, wo die später eintretenden Belästigungen nicht vorherzusehen waren und die Anlage gesetzlichen Abstandsvorschriften entsprach, eine besondere gewerbliche Zulassung der Anlage aber nicht erforderlich war, wie etwa bei Dunggruben.

Bäume und Sträucher gehören nach ausdrücklicher Vorschrift des Gesetzes nicht zu derartigen „gefährlichen Anlagen“, obwohl sie vor allem durch Laubfall recht unangenehme Einwirkungen auf das Nachbargrundstück ausüben können. Deshalb mußten im Rahmen des Nds. NachbarG die in Kapitel 3 behandelten Grenzabstandsrechte für Bäume, Sträucher und Hecken geschaffen werden. Laubfall, Samenflug und andere, von Pflanzen ausgehende Immissionen müssen grundsätzlich entschädigungslos hingenommen werden[1]. Nur in besonderen Ausnahmefällen haben die Gerichte neuerdings eine Entschädigung für die Beseitigungs- und Bekämpfungskosten zugestanden[2], insbesondere wenn Eigentümer Grundstücke inmitten gepflegter Gärten verunkrauten und verkommen lassen[3].

Einen Sonderfall gefährlicher Anlagen auf dem Nachbargrundstück bilden einsturzgefährdete Gebäude. Hier braucht der Nachbar nicht erst zu warten, bis der Einsturz oder Absturz von Gebäudeteilen (Dachziegeln, Balkonen) sein Grundstück tatsächlich schädigen, um dann vom Unterhaltungsverpflichteten Schadenersatz oder Entschädigung zu verlangen. Vielmehr kann er schon vorher fordern, daß geeignete Maßnahmen getroffen werden, um Einsturz oder Absturz zu verhindern oder wenigstens die Gefahr einer Beschädigung des Grundstücks abzuwenden.

Da der Eigentümer eines Grundstücks grundsätzlich unbeschränkter Herr über sein Grundstück ist (soweit eben nicht Gesetze und Rechte Dritter dieses Recht einschränken)[4], braucht er sich an sich auch nicht gefallen zu lassen, daß er in seinem Herrschaftsbereich und im Genuß seines Grundstücks durch Einwirkungen, die von einem anderen Grundstück ausgehen, gestört wird. Dieser Idealzustand hat sich von jeher nicht verwirklichen lassen und ist in der Enge unseres heutigen rastlosen Lebens schwerer zu verwirklichen denn je.

Der Gesetzgeber hat daher von vornherein das Verfügungsrecht des Eigentümers über sein Grundstück insoweit erheblich eingeschränkt. Der Eigentümer muß von außen in sein Grundstück eindringende Einwirkungen wie Gase, Dämpfe, Gerüche, Rauch, Ruß, Wärme, Geräusche, Erschütterungen und ähnliches grundsätzlich dulden und hinnehmen, soweit sie die Benutzung seines Grundstücks überhaupt nicht oder nur unwesentlich beeinträchtigen. Die Frage einer etwa möglichen Abwehr derartiger „Immissionen", wie der im Rechtsleben übliche Begriff lautet, kann also erst auftauchen, wenn sie so stark sind, daß sie die Benutzung des Grundstücks wesentlich beeinträchtigen. Wesentliche Immissionen liegen nach einer im Jahr 1994 vorgenommenen Gesetzesänderung dann vor,

---

1) OLG Stuttgart, Urteile vom 22. Mai 1985 – 13 U 290/84 – NJW 1986, S. 2768 und vom 28. Oktober 1987 – 9 U 161/87 – NJW RR 1988, 204
2) OLG Karlsruhe, Urteil vom 9. März 1983 – 6 U 150/82 – NJW 1983, S. 2886, wonach 300 DM jährlich für den Reinigungsaufwand zuerkannt wurden
3) AG Tecklenburg, MDR 1981, 51
4) vgl. § 903 BGB

wenn die in Gesetzen, Rechtsverordnungen oder allgemeinen Verwaltungsvorschriften festgelegten Grenz- oder Richtwerte überschritten werden. Danach ist ein Abwehranspruch immer dann gegeben, wenn es sich bei der Beeinträchtigung eines Grundstücks durch Gase, Dämpfe, Rauch, Ruß, Wärme, Geräusche, Erschütterungen und ähnliche Einwirkungen um eine wesentliche Störung handelt, die nicht ortsüblich ist. Somit gelten nun auch für Streitigkeiten von Bürgern untereinander öffentlich-rechtliche Vorschriften, die insbesondere nach dem Bundes-Immissionsschutzgesetz erlassen werden und den Stand der Technik wiedergeben. Hervorzuheben sind dabei die Technische Anleitung Luft (TA Luft), die Technische Anleitung zum Schutz gegen Lärm (TA Lärm), die Sportanlagenlärmschutz-Verordnung und die Verkehrslärmschutz-Verordnung zu nennen. Aber auch vor Einführung der Sätze 2 und 3 in den § 906 Abs. 1 BGB hatte die Rechtsprechung sich bereits weitgehend an Grenz- und Richtwerten orientiert, die in Gesetzen, Verordnungen oder allgemeinen Verwaltungsvorschriften festgelegt waren und festgestellt, daß Geräuschimmissionen im Sinne von § 906 Abs. 1 BGB (alte Fass.) identisch sind mit den erheblichen Geräuschbelästigungen und schädlichen Umwelteinwirkungen im Sinne von § 3 Abs. 1, § 22 Abs. 1 BImSchG[1].

Das Landgericht Mainz[2] hält die Beeinträchtigung eines Grundstücks durch die dort 55 dB(A) überschreitenden Geräusche aus einer Tennisanlage (Impulsgeräusche der Bälle, Rufe der Spieler, Ansagen) für wesentlich im Sinne des Gesetzes und räumt dem betroffenen Nachbarn einen Unterlassunsanspruch ein.

Erreicht in einem Wohngebiet der von einem Tennisplatz auf das benachbarte Wohngrundstück einwirkende Lärmpegel einen Spitzenpegel von 69,5 dB(A) und einen Mittelpegel von 63,3 dB(A) bei einem zulässigen Tagespegel von 59,2 dB(A), kann der dagegen klagende Wohnungsnachbar zwar keine einzelne geeignete Schutzmaßnahme – wie die Errichtung einer Lärmschutzwand – vom Störer verlangen. Der Störer ist aber zur Einhaltung zeitlich begrenzter Spielzeiten auf dem Tennisplatz verpflichtet[3]. Entsprechendes gilt für den Spielbetrieb an einer Tischtennisplatte[4].

1) BGH, Urteil vom 23. 3. 1990, VZR 58/89 – DWW 1990, 167
2) LG Mainz, Urteil vom 15. 9. 1987 – 6 O 323/85 – DWW 1988
3) OLG Celle, Urteil vom 14. 4. 1987 – 4 U 302/85 – NJW 1988, 424
4) OLG Köln, Urteil vom 15. 5. 1991 – 13 U 296/90

Übersteigt der Lärm durch Hundegebell dasjenige Maß, das bei artgerechter Haltung eines durchschnittlichen Hundes unvermeidbar ist, so liegt eine wesentliche Besitzstörung vor, welche die hundehaltende Familie gesamtschuldnerisch verpflichtet, künftige Störungen der Nachbarschaft zu unterbinden[1)]. Das Bellen von bis zu 12 gleichzeitig auf dem Grundstück versammelten Hunden (4 ausgewachsene und 8 junge Schäferhunde) zu unterschiedlichen Tageszeiten, beginnend am frühen Morgen und fortdauernd bis gelegentlich in die späte Nacht, ist für das Grundstück des Nachbarn eine erhebliche Störung im Sinne von § 906 BGB und überschreitet die Grenzen dessen, was ein Nachbar an Störung hinzunehmen hat. Das Verlangen der Unterlassung der Hundezucht ist deshalb gerechtfertigt[2)]. Auch das schrille, über Stunden dauernde Pfeifen eines Graupapageis in einer reinen Wohngegend muß vom Nachbarn nicht hingenommen werden[3)]. Auf dem Nachbargrundstück dürfen wegen der damit verbundenen Lärm- und Geruchsbelästigung nur 10 Tauben gehalten werden[4)].

Überschreitet die Lärmbelästigung durch den Betrieb einer Diskothek einen bestimmten Schallpegel, insbesondere durch das Schlagen von Autotüren, Anfahrvorgänge, lautes Gelächter und Gespräche auf der Straße, so kann dies zur Einstellung des Betriebs nach 21.30 Uhr führen[5)].

Auch von einem Volksfest können wesentliche Lärmimmissionen ausgehen, insbesondere durch die Musikdarbietung aus dem Festzelt[6)]. Geräuschimmissionen, die von einer Kegelbahn ausgehen und mit einer Spitzenlautstärke von mehr als 35 dB(A) abends oder nachts auf ein anderes Grundstück treffen, beeinträchtigen dieses Grundstück „nicht unwesentlich" im Sinne von § 906 Abs. 1 BGB[7)].

Wer absichtlich durch ein laut gestelltes Radiogerät seine Nachbarn so stört, daß es bei diesen zu gesundheitsschädlichen Beeinträchtigungen (Schlafstörungen, Herz- und Magenbeschwerden) kommt, macht sich einer vorsätzlichen Körperverletzung strafbar[8)].

---

1) AG Wiesbaden, Urteil vom 9. 10. 1987 – 96 C 935/86 – DWW 1988, 18
2) OLG Nürnberg, Urteil vom 25. 4. 1991 – 8 U 99/91 – DWW 1992, 14
3) OLG Düsseldorf, Beschluß vom 10. 1. 1990 – 5 Ss (OWi) 476/89 – NJW 1990, 1677
4) LG Hamburg, Urteil vom 20. 8. 1991 – 325 O 427/90 – DWW 1991, 339
5) OLG Frankfurt, Urteil vom 30. 4. 1985 – 8 U 63/83 – DWW 1985, 208
6) OLG Koblenz, Urteil vom 25. 1. 1989 – 7 U 1686/87 – DWW 1989,355; VG Düsseldorf, Beschluß vom 8. 6. 1990 – 3 L 1094/90 – NJW 1991, 2661
7) OLG Hamm, Urteil vom 6. 10. 1988 – 22 U 86/88 – DWW 1989, 353
8) AG Rathingen, Urteil vom 19. 9. 1988 – 22 CS 369/88 – DWW 1989, 394

Der Grundeigentümer kann verlangen, daß der Nachbar beim Klavierspiel die Fenster geschlossen hält, da beim Musizieren trotz geringer Phon-/ dB(A)-Werte wegen der Unregelmäßigkeit der Töne häufig eine wesentliche Beeinträchtigung vorliegt[1)]. Für die Bewertung des Ruhebedürfnisses gegenüber Schlagzeugspiel ist in einem Wohngebiet auf die im allgemeinen ab 19.00 Uhr eintretende Verkehrsberuhigung abzustellen. Aus einem 15 m entfernt liegenden Kellerraum hörbares Schlagzeugspiel ist in der Zeit vom 1. Mai bis 31. Oktober eines Jahres auf täglich 45 Minuten zu beschränken, in der übrigen Jahreszeit auf täglich 90 Minuten. Dabei darf zum Spielen nur die Zeitspanne von werktags 8.00 bis 12.00 Uhr und 15.00 bis 19.00 Uhr, an Sonnabenden von 8.00 bis 12.00 Uhr genutzt werden. Sonntags ist kein Spiel zulässig[2)]. In einem Gebiet, in welchem Wohnungen untergebracht sind, dürfen im Gemeinschaftshaus einer Siedlungsgemeinschaft Veranstaltungen nur so stattfinden, daß die davon ausgehenden Geräusche (insbesondere durch Musik und Lautsprecher, Parkplatzbenutzung, Zurufe der Besucher) zwischen 22.00 Uhr abends und 6.00 Uhr morgens mit höchstens 35 dB(A) auf das nachbarliche Grundstück einwirken[3)]. Beim Betrieb von Radio, Fernseher, Plattenspieler, Tonbandgerät und ähnlichem ist grundsätzlich Zimmerlautstärke einzuhalten. Die Zimmerlautstärke ist auch dann überschritten, wenn das nachbarliche Geräusch als störend und „auf die Nerven gehend" empfunden wird[4)]. Der Inhaber der Wohnung ist dafür verantwortlich, daß von einer von ihm darin veranstalteten Geburtstagsfeier kein Lärm ausgeht, der die Nachtruhe zu stören geeignet ist[5)]. Der Nachbar ist nicht schadenersatzpflichtig, wenn er ein Rockkonzert in einem benachbarten Biergarten nach vergeblicher Abmahnung dadurch beendet, daß er ein Verstärkerkabel durchtrennt[6)].

Der Niedersächsische Umweltminister hat durch Runderlaß[7)] vom 14. 11. 1988 den nachgeordneten Behörden Hinweise zur Beurteilung der durch Freizeitanlagen verursachten Geräusche gegeben, um eine einheitliche Beurteilung im Rahmen der geltenden Rechts- und Verwaltungsvorschriften auch dieser Geräusche zu gewährleisten.

1) AG Gießen, Urteil vom 18. 3. 1983 – 43 C 1750/82 – DWW 1989, 225
2) LG Nürnberg, Urteil vom 17. 9. 1991 – 13 S 5296/90 – DWW 1992, 18
3) OLG Köln, Urteil vom 17. 11. 1986 – 13 U 101/86 – DWW 1991, 187
4) LG Kleve, Urteil vom 1. 10. 1991 – 6 S 70/90 – DWW 1992, 26
5) OLG Düsseldorf, Beschluß vom 15. 1. 1990, NJW 1990, 1676
6) OLG Karlsruhe, Urteil vom 24. 1. 1992 – 10 U 163/91 – NJW 1992, 1329
7) Gemeinsamer Runderlaß der Ministerien für Umwelt, Inneres, Kultur, Soziales, Landwirtschaft und Wirtschaft vom 14. 11. 1988 – 305-40502/2.2.1 –, NdsMBl. 1989, 23

Nach den Bestimmungen des Luftverkehrsgesetzes[1] haftet der Halter (hier: Bundesrepublik Deutschland), wenn durch ein Düsenflugzeug bei Überfliegen eines Hauses infolge eines plötzlichen Knalls, gleich ob durch Überschallflug oder Zünden der Nachbrenner verursacht, ein Herzinfarkt ausgelöst wird, und zwar auch dann, wenn bei dem Betroffenen bereits eine Vorschädigung der Herzkranzgefäße vorlag[2].

Unterstützt werden die nachbarrechtlichen Ansprüche gegen Immissionen durch öffentlich-rechtliche Maßnahmen, indem durch die Immissionsschutzgesetze des Bundes und der Länder der Kreis der genehmigungspflichtigen Anlagen und Betriebe erheblich erweitert ist. Die Inhaber derartiger Betriebe sind verpflichtet, alle technisch möglichen und wirtschaftlich zumutbaren Maßnahmen zu treffen, um Belästigungen durch Immissionen zu verhüten. Außerdem kann die Anbringung ganz bestimmter Einrichtungen zur Unterbringung lästiger und gefährlicher Immissionen verlangt werden. Hieraus ergeben sich zwar keine zusätzlichen unmittelbaren nachbarrechtlichen Ansprüche, doch kann das Einschreiten der Behörden verlangt und erzwungen werden.

Auch die Lärmbekämpfungsverordnung ist hier zu nennen, die allgemein die Verursachung überflüssigen Lärms verbietet, insbesondere auch durch tragbare Rundfunkgeräte, und den Behörden ein Einschreiten ermöglicht. Der Betrieb motorgetriebener Rasenmäher ist bundeseinheitlich geregelt[3]. Danach dürfen Rasenmäher an Sonn- und Feiertagen sowie an Werktagen von 19.00 bis 7.00 Uhr nicht betrieben werden. Ausnahmen gelten für lärmarme Geräte mit einem Schalleistungspegel von weniger als 88 dB(A) oder einem Emissionswert von weniger als 60 dB(A).

Durch die Baumaschinenlärm-VO[4] dürfen Geräusche von Baumaschinen bestimmte Schalleistungspegel nicht überschreiten. Die Verkehrslärmschutz-VO[5] stellt sicher, daß beim Bau öffentlicher Straßen und von Schienenwegen zum Schutz der Nachbarschaft vor schädlichen Umwelteinflüssen durch Verkehrsgeräusche bestimmte Immissionsgrenzwerte

1) vgl. § 33 LuftverkehrsG
2) OLG Schleswig, Urteil vom 18. 8. 1988 – 11 U 313/85 – DWW 1989, 260
3) vgl. Verordnung zur Änderung der Achten Verordnung zur Durchführung des Bundes-Immissionsschutzgesetzes vom 13. Juli 1992 (BGBl. I S. 1246 f.)
4) Baumaschinenlärm-VO vom 10. 11. 1986 (BGBl. I S. 1729), zuletzt geändert durch VO vom 18. 12. 1992 (BGBl. I S. 2075)
5) Verkehrslärmschutz-VO vom 12. 6. 1990 (BGBl. I S. 1036)

nicht überschritten werden dürfen. Nach der Sportanlagenlärmschutz-VO[1] sind Sportanlagen so einzurichten, daß bestimmte Geräuschrichtwerte nicht überschritten werden.

Aber auch dann müssen Immissionen geduldet werden, wenn sie ortsüblich sind. Es kommt also darauf an, wo das beeinträchtigte Grundstück liegt und wie die Verhältnisse der Umgebung beschaffen sind. Ein in einem Dorf gelegenes Grundstück muß die von landwirtschaftlichen Betrieben ausgehende Einwirkung wie den Geruch von Dunggruben, Tierlaute in üblichem Umfang hinnehmen. In einem Industriegebiet sind Einwirkungen durch Rauch, Lärm und Abgase ortsüblich, gegen die sich der Bewohner einer Villengegend wehren könnte, wenn sie sein Grundstück beeinträchtigen würden.

Übereinstimmend sind das LG Hamm[2] und das OLG Schleswig[3] der Auffassung, daß in einem ländlichen Wohngebiet das Quaken von Fröschen auf dem Nachbargrundstück zu dulden ist, selbst dann, wenn es als wesentliche Beeinträchtigung anzusehen ist.

Aber das ständige, übersteigerte Krähen eines Hahnes kann selbst in einer Gegend, in der die Hühnerhaltung ortsüblich ist, eine unzulässige Geräuschimmission sein[4].

Hinzunehmen hingegen ist ein schon ab 3.00 Uhr auftretendes Hahnenkrähen, wenn das betroffene Grundstück in ländlicher Umgebung mit vorwiegender Agrarstruktur liegt und trotz vorhandener Bebauung auch mit Ein- und Zweifamilienhäusern immer noch dörflichen Charakter aufweist[5]. Während das OLG Köln[6] der Auffassung ist, daß das Betreten eines Grundstücks durch Katzen vom Grundstückseigentümer nicht geduldet werden muß, selbst wenn die Einwirkung durch die Katze unwesentlich oder ortsüblich ist, wollen andere Gerichte die von einer oder nur wenigen Katzen ausgehende Beeinträchtigung als dem Nachbar zumutbar ansehen[7].

1) Sportanlagenschutz-VO vom 18. 7. 1991 (BGBl. I S. 1588, 1790)
2) LG Hamm, Urteil vom 6. 11. 1984 – 2 S 343/84 – NJW 1985, 500
3) OLG Schleswig, Urteil vom 12. 5. 1986 – 5 U 202/84 – MDR 1986, 758
4) LG München I, Urteil vom 3. 3. 1989 – 30 O 1123/87 – DWW 1989, 165
5) LG Kleve, Urteil vom 17. 1. 1989 – 6 S 311/88 – DWW 1989, 362
6) OLG Köln, Urteil vom 17. 9. 1982 – 20 U 44 82 – NJW 1985
7) LG Augsburg, Urteil vom 24. 8. 1984 – 4 S 2099/84 – NJW 1985, 499; AG Diez, Urteil vom 19. 10. 1984 – 3 C 440/84 – NJW 1985; AG Passau, Urteil vom 9. 3. 1983 – 11 C 708/82 – NJW 1983, 2885

Die Richter des LG Memmingen[1] sind der Auffassung, daß in der Gartensiedlung einer ländlichen Gemeinde mit Wohn- und Ferienhäusern der Bienenflug jedenfalls dann keine wesentliche Beeinträchtigung des Nachbargrundstücks darstellt, wenn die Bienenkörbe in einer Entfernung von 9,5 bis 12,5 m von der Grundstücksgrenze untergebracht sind. Die Tierhalterhaftung des Bienenhalters wegen Bienenanflugs und der dadurch bewirkten Blütenbestäubung scheidet schon dann aus, weil der betroffene Grundstückseigentümer insoweit keinen Abwehranspruch hat[2]. Hingegen kann die Haltung von Bienen auf einem Grundstück in einem Wohngebiet eine wesentliche Beeinträchtigung des Nachbargrundstücks darstellen, weil die Bienenhaltung die Gefahr von Bienenstichen nicht unwesentlich erhöht und die freie Nutzung des Grundstücks beeinträchtigt[3].

Demgegenüber können Vorgänge oder Zustände auf einem Grundstück, die gegen das ästhetische Empfinden des Nachbarn verstoßen, nicht mit Unterlasssungs- und Beseitigungsansprüchen unterbunden werden[4].

Auch eine das sittliche Empfinden von Nachbarn verletzende Nutzung eines Grundstücks durch einen Mieter, die nach außen nicht wahrnehmbar ist, begründet keinen Beseitigungs- oder Unterlassungsanspruch gegen den Vermieter[5]. Blendwirkungen durch den „grellweißen" Anstrich eines Gebäudes auf dem Nachbargrundstück sind ebenfalls keine abwehrfähigen Beeinträchtigungen[6].

Die Überwachung einer gemeinsamen Hauseinfahrt zweier Nachbarn durch eine Videoanlage stellt einen Eingriff in das Persönlichkeitsrecht des anderen, nicht zustimmenden Nachbarn dar, und ist daher auf Verlangen des Nachbarn zu unterlassen[7].

Der Begriff der Ortsüblichkeit kann sich auch wandeln. Entsteht in einer früher landwirtschaftlichen Gegend ein Industriebetrieb, dann sind die davon ausgehenden Immissionen möglicherweise ortsüblich. Auch die

---

1) LG Memmingen, Urteil vom 25. 2. 1978 – 1 S 550/86 – MDR 1988, 54
2) BGH, Urteil vom 24. 1. 1992 – V ZR 274/90 – NJW 1992, 1389
3) OLG Hamm, Urteil vom 3. 7. 1989 – 22 U 204/88 – ZMR 1989, 420
4) Urteil des BGH vom 15. 11. 1974 – V ZR 83/73 – NJW 1975, 170
5) Urteil des BGH vom 12. 7. 1985 – V ZR 172/84 – DWW 1985, 231
6) OLG Düsseldorf, Urteil vom 26. 9. 1990 – 9 U 68/90 – MDR 1991, 57
7) LG Berlin, Urteil vom 22. 8. 1986 – 8 O 197/85 – NJW 1988, 346, s. a. OLG Köln, Urteil vom 13. 10. 1988 – 18 U 37/88 – NJW 1989, 270

allgemeine technische Entwicklung wandelt den Begriff der Ortsüblichkeit. In den Städten müssen, wie allgemein beklagt wird, heute erhebliche Lärm- und Erschütterungsimmissionen durch den gestiegenen Verkehr in Kauf genommen werden, Einwirkungen, die noch vor 20 Jahren keineswegs ortsüblich gewesen wären.

Während allerdings früher ortsübliche Immissionen ohne weiteres geduldet werden mußten, kann jetzt verlangt werden, daß nach Möglichkeit die Quelle der Belästigung ausgeschaltet wird, indem von seiten des Verursachers Maßnahmen getroffen werden, die die belästigenden, aber ortsüblichen Einwirkungen verhindern, wie etwa geräuschdämpfende Anlagen, Rauch- und Rußverzehrer. Könnten die ortsüblichen Einwirkungen nur durch Maßnahmen verhindert werden, die so kostspielig sind, daß sie wirtschaftlich nicht zumutbar sind, dann kann statt dessen Geldentschädigung verlangt werden, wenn Benutzung oder Ertrag des Grundstücks infolge dieser Einwirkungen über das zulässige Maß hinaus beeinträchtigt werden[1)].

Die vom Straßenverkehr ausgehenden Einwirkungen müssen grundsätzlich entschädigungslos hingenommen werden. Sie sind eine Folge des Gemeingebrauchs der Straße, mit der jeder rechnen muß, der an einer Straße baut. Dies gilt jetzt uneingeschränkt nur für die normale Verkehrsentwicklung vorhandener Straßen. Das gesteigerte Umweltschutzbewußtsein hat dazu geführt, daß im Bundesimmissionsschutzgesetz auch der Grundsatz festgelegt wurde, daß bei dem Bau oder der wesentlichen Änderung von Straßen und Schienenwegen sichergestellt sein muß, daß durch diese keine schädlichen Umwelteinwirkungen über Verkehrsgeräusche hervorgerufen werden, soweit dies nach dem Stand der Technik vermeidbar ist. Dieser Grundsatz erfährt allerdings eine gewisse Einschränkung dadurch, daß die Kosten etwaiger Schutzmaßnahmen nicht außer Verhältnis zu dem angestrebten Schutzzweck stehen dürfen. Auch in Zukunft werden also Grundeigentümer in gewissem Umfange Einwirkungen durch Verkehrslärm hinnehmen müssen, der nach dem Stand der technischen Entwicklung nicht vermieden werden kann und gegen den die anliegenden Grundstücke nur mit außergewöhnlich hohen Kosten abgeschirmt werden könnten. Immerhin ist mit diesem Grundsatz des § 41 BImSchG schon gesagt, daß die Behörden nicht blindlings nur nach den für ihre Zwecke günstigsten Plänen vorgehen dürfen, sondern daß auf die

1) § 42 BImSchG

bisher vielfach vernachlässigten Belange der Anlieger entsprechend Rücksicht genommen werden muß.

Bei der Vermietung eines Hauses an eine Sparkasse und eine Arztpraxis haftet der Eigentümer als mittelbarer Störer dafür, daß Kunden und Patienten ihre Autos an der gegenüberliegenden Straßenseite abstellen und das dort liegende Grundstück durch Ein- und Ausparken sowie das Laufenlassen der Motoren und das Spielen der Autoradios mit störenden Immissionen beeinträchtigen[1)].

Soweit infolge der vielfach situationsgebundenen Planungen derartiger Verkehrslagen Einwirkungen auf die anliegenden Grundstücke nicht vermieden werden können, weil entsprechende Schutzmaßnahmen zu teuer werden würden oder trotzdem die Einwirkung von Verkehrsgeräuschen auf die benachbarten Grundstücke nicht vermieden werden kann, haben die Anlieger gegen den Träger der Baulast, also das Straßenbauamt, die Gemeinde, die Eisenbahn- oder Straßenbahnverwaltung einen Anspruch auf angemessene Entschädigung in Geld, damit Schallschutzmaßnahmen an den Gebäuden selbst angebracht werden können[2)]. Dabei ist zu denken an Einbau von Lärmschutzfenstern, Umbau von Gebäuden, um etwa die weniger schutzbedürftigen Räume eines Gebäudes wie Bäder, Küchen, Flure, Treppenhäuser an die dem Lärm ausgesetzte Seite des Gebäudes zu verlegen und die Wohn- und Schlafräume der lärmgeschützten Seite zuzuordnen und dgl. mehr. Auch hier bestehen natürlich gewisse Einschränkungen dann, wenn die Beeinträchtigung wegen der besonderen Benutzung der baulichen Anlage zumutbar ist, wie etwa Büroräume einer Spedition auf einem Güterbahnhof. Voraussetzung ist auch, daß die von der Bundesregierung in der Lärmschutzverordnung[3)] festgelegten Immissionsgrenzwerte überschritten werden. Wenn zwischen dem Träger der Baulast und dem von dem Verkehrslärm betroffenen Anlieger eine Einigung über die Entschädigung nicht zustande kommt, kann die Entschädigung ähnlich wie eine Enteignungsentschädigung von der Enteignungsbehörde durch schriftlichen Bescheid festgelegt werden.

Nähere Einzelheiten werden durch Rechtsverordnungen der Bundesregierung geregelt.

---

1) OLG Celle, Urteil vom 8. 8. 1986 – 4 U 152/85 – DWW 1987, 294

2) vgl. § 14 BImSchG; BGH, NJW 1988, 478

3) vgl. § 2 der sechzehnten Verordnung zur Durchführung des Bundes-Immissionsschutzgesetzes (16. BImSchVO).

Abschließend muß noch etwas über den Begriff der „Einwirkungen“ gesagt werden. Die oben[1] genannte Aufzählung ist nicht vollständig, sie ist nur beispielhaft. Gemeint sind alle Einwirkungen von stofflicher Beschaffenheit, die mit unseren Sinnen wahrnehmbar sind, sei es auch nur durch Zwischenschaltung von Geräten wie bei störenden Funkwellen. Andererseits gehören im allgemeinen feste Körper wie Steinbrocken nicht etwa zu den Immissionen. Deren Abwehr ist nach den allgemeinen Eigentumsvorschriften möglich, weil durch sie die Eigentumsrechte beeinträchtigt würden. Sie brauchen nie geduldet zu werden, sofern nicht im Einzelfall entsprechende Verpflichtungen aus Vertrag oder den Generalklauseln des Gesetzes über Treu und Glauben[2] bestehen. Jedoch gelten kleinere Lebewesen wie Fliegen, Mücken, Bienen wieder als Immissionen. Hinsichtlich der Bienen bestehen im Interesse der Bienenzucht besondere Vorschriften.

Negative Einwirkungen wie Entziehung von Licht, Luft und Wasser fallen nicht unter die Immissionsschutzvorschriften. Sie müssen hingenommen werden[3], soweit nicht nachbarrechtliche Ansprüche aus den oben[4] behandelten Grenzabstandsvorschriften für Pflanzen und Gebäude, dem Licht- und Fensterrecht sowie die nachstehend[5] behandelten Vorschriften des nachbarrechtlichen Wasserrechts bestehen.

Ausdrücklich bestimmt das Gesetz noch, daß auch da, wo Immissionen geduldet werden müssen, weil sie ortsüblich sind, die Zuführung durch eine besondere Leitung unzulässig ist, was an sich selbstverständlich sein dürfte.

Bei der Unkrautbekämpfung auf Nachbargrundstücken fehlt es leider an einer besonderen Regelung. Die Gerichte haben aber in letzter Zeit in vermehrtem Umfang die Eigentümer verunkrauteter Grundstücke, insbesondere wenn sie inmitten gepflegter Gärten und Wohngebiete liegen, aus dem Grundsatz des nachbarschaftlichen Gemeinschaftsverhältnisses heraus zur Bekämfung des Unkrauts auf ihren Grundstücken verurteilt.[6]

---

1) s. S. 46 Abs. 4
2) vgl. § 242 BGB
3) BGH, NJW 1984, 729; OLG Düsseldorf, Urteil vom 6. 7. 1979 NJW 1979, 2618
4) s. Kap. 3 und 5
5) s. Kap. 8
6) LG Stuttgart, MDR 1965, 990; AG Tecklenburg, MDR 1981, 51; Schmid, NJW 1988, 29

Eine Immissionseinwirkung vom Nachbargrundstück liegt auch vor, wenn von dort Rückstände eines versprühten chemischen Unkrautvernichtungsmittels durch wild abfließendes Niederschlagswasser einem anderen Grundstück zugeführt werden. Diese Einwirkung kann einen nachbarrechtlichen Ausgleichsanspruch begründen[1)].

7. KAPITEL: Vom Notweg, Hammerschlags- und Leiterrecht und von ähnlichen Rechten an fremden Grundstücken (§§ 917, 918 BGB; §§ 47 bis 49 NdsNachbarG)

Jedes Grundstück benötigt eine Verbindung mit einem öffentlichen Wege. Die neuzeitlichen Bauordnungen lassen daher grundsätzlich keine Bauten mehr zu, bei denen die Verbindung zu einer öffentlichen Straße nicht gewährleistet ist[2)].

Gleichwohl kommt es häufig vor, daß einem Grundstück die zur ordnungsmäßigen Benutzung notwendige Verbindung zu einem öffentlichen Wege fehlt. Es kann sich dabei um bebaute oder unbebaute Grundstücke handeln, aber auch um Grundstücksteile, wie etwa Hausgärten oder Höfe. Hat ein derartiges Grundstück oder ein entsprechender, wirtschaftlich selbständiger Grundstücksteil keine ordnungsmäßige Verbindung zu einem öffentlichen Wege, kann der Eigentümer vom Nachbarn verlangen, ihm die Überwegung zu gestatten, bis die fehlende Verbindung hergestellt werden kann[3)]. Es ist nicht notwendig, daß die Verbindung überhaupt fehlt, der Notweganspruch ist schon gegeben, wenn die zur ordnungsmäßigen Benutzung notwendige Verbindung fehlt. Einem landwirtschaftlichen Grundstück ist nicht damit gedient, daß von der Straße aus zu ihm ein Fußweg führt, es muß auch mit Fahrzeugen aller Art erreicht werden können. Auch genügt es nicht, daß der Grundstückseigentümer sich den fehlenden Weg schaffen könnte, wenn das unzumutbar hohe Kosten verursachen würde. Allerdings muß der Grundstückseigentümer Umwege oder Schwierigkeiten in Kauf nehmen und kann einen Notweg nicht schon deshalb verlangen, weil die mögliche Verbindung zur öffentlichen Straße unbequem ist.

1) BGH, Urteil vom 2. 3. 1984 – V ZR 54/83 – NJW 1984, 2207
2) vgl. § 5 NBauO
3) vgl. § 917 Abs. 1 BGB

Richtung des Weges und Umfang des Benutzungsrechts müssen von den Parteien ausgehandelt werden. Können sie sich nicht einigen, so muß das Gericht durch Urteil die Einzelheiten festlegen[1].

Wie beim Überbau[2] ist für die Inanspruchnahme des Notweges eine Rente zu zahlen, deren Einzelheiten ebenso geregelt sind wie beim Überbau. Für die Bemessung der Notwegrente ist nicht auf den Vorteil oder den Nutzen des Berechtigten abzustellen, sondern auf den Umfang des dem verpflichteten Eigentümer durch die Duldungspflicht entstehenden Nutzungsverlustes[3]. Im übrigen kann auch der Notwegverpflichtete, also derjenige, der den Notweg über sein Grundstück dulden muß, verlangen, daß ihm das für den Notweg in Anspruch genommene Gelände zu dem Preis abgekauft wird, den das Grundstück im Zeitpunkt der Entstehung des Notwegsrechts wert war.

Wird ein einheitliches Grundstück geteilt oder eines von mehreren zusammenhängenden Grundstücken verkauft und fehlt nun einer der neu gebildeten Grundstückseinheiten die Verbindung mit einen öffentlichen Weg, dann ist derjenige notwegpflichtig, der das Grundstück oder den Grundstücksteil erhält, über den bisher die Verbindung zum öffentlichen Wege lief[4].

Der Notweganspruch entfällt nicht unbedingt dadurch, daß die Verbindung zur Straße vom Grundstückseigentümer durch sein eigenes Verhalten unterbrochen wird. Das Gesetz schließt das Notwegrecht nur aus, wenn der Eigentümer die Verbindung seines Grundstücks zum öffentlichen Weg willkürlich unterbricht. Dieser Ausdruck bezeichnet eine Handlungsweise, die auf freier Entschließung beruht, nicht durch die ordnungsmäßige Bewirtschaftung des Grundstücks gefordert wird und die Rechte und Bedürfnisse des Nachbarn nicht genügend berücksichtigt.

Einen weiteren Fall des zulässigen Eingriffs in das Nachbargrundstück stellt das vom Nds. NachbarG neu geregelte Hammerschlags- und Leiterrecht dar. Darunter ist das Recht zu verstehen, das Nachbargrundstück zu betreten, um bauliche Arbeiten auf dem eigenen Grundstück vorzunehmen.

1) vgl. § 917 Abs. 1 S. 2 BGB
2) s. oben S. 24, 25
3) BGH, Urteil vom 10. 11. 1990 – V ZR 297/89
4) vgl. § 918 Abs. 2 BGB

Voraussetzung ist, daß die Bau- oder Instandsetzungsarbeiten vom eigenen Grundstück aus entweder nicht zweckmäßig oder nur mit unzumutbar hohen Kosten ausgeführt werden könnten, wie etwa Anstrich- und Putzarbeiten an einer Grenzwand. Sind diese Voraussetzungen gegeben, dann müssen Eigentümer und Nutzungsberechtigte des Nachbargrundstücks dulden, daß ihr Grundstück betreten und benutzt wird, damit die Arbeiten vorbereitet und ausgeführt werden können, es sei denn, daß ihnen dadurch unverhältnismäßig große Nachteile entstehen würden.

Das Recht kann nicht nur vom Grundstückseigentümer, sondern von jedem geltend gemacht werden, der die Bauarbeiten vornehmen muß, auch vom Mieter oder Pächter des Grundstücks, der verpflichtet ist, das Gebäude instand zu halten und dieser Pflicht ohne Betreten des Nachbargrundstücks nicht nachkommen könnte.

Das Recht muß möglichst schonend und darf nicht zur Unzeit ausgeübt werden. Es ist auch auf die Bepflanzung des nachbarlichen Grundstücks, auf seine Nutzung Rücksicht zu nehmen. Bei einem Gartenlokal könnte die Verlegung der Arbeiten auf die kältere Jahreszeit verlangt werden, damit der Wirtschaftsbetrieb nicht beeinträchtigt wird.

Die beabsichtigten Arbeiten müssen einen Monat vor Beginn in allen Einzelheiten dem Nachbarn angezeigt werden, der Einwendungen erheben kann. Werden die Parteien sich nicht einig, darf vor gerichtlicher Entscheidung mit den Arbeiten nicht angefangen werden. Besichtigungen und kleinere Arbeiten brauchen nur einen Tag vorher angezeigt zu werden; im Notstandsfall, wenn etwa der Absturz einer größeren Putzfläche droht, kann sofort eingegriffen werden.

Für den bei Ausübung des Hammerschlags- und Leiterrechts am Nachbargrundstück angerichteten Schaden ist in vollem Umfang, unabhängig davon, ob Verschulden vorliegt oder nicht, Schadensersatz zu leisten. Liegt der voraussichtlich eintretende Schaden über 2 000 DM, kann vor Beginn der Arbeiten Sicherheitsleistung verlangt werden. Dieses Recht entfällt allerdings im Notstandsfall.

Darüber hinaus muß eine Nutzungsentschädigung in Höhe der ortsüblichen Miete für einen gleichgroßen gewerblichen Lagerplatz gezahlt werden, wenn das Nachbargrundstück länger als 10 Tage in Anspruch genommen wird, und zwar dann auch für die ersten 10 Tage. Auf diese Nutzungsentschädigung ist der Schadensersatz anzurechnen, soweit er für entgangene Nutzung des Grundstücksteils (Miet- oder Pachtausfall u. dgl.) gezahlt wird.

Für die Inanspruchnahme öffentlicher Straßen, so etwa zur Lagerung von Baumaterial oder zur Aufstellung von Gerüsten gilt das öffentliche Straßenrecht, siehe dazu unter Kapitel 10.

Wenn jemand ein niedriges Gebäude neben einem hohen Hause hat, ergeben sich manchmal Schwierigkeiten mit der Ableitung des Rauches oder der Entlüftung notwendiger Lüftungsschächte. Die Errichtung hoher Schornsteine und Luftschächte ist oft nicht oder nur unter größten Schwierigkeiten möglich. Als Ausweg bietet sich die Anbringung der Schornsteine und Lüftungsschächte an der Seitenwand des höheren Gebäudes an. Das Nds. NachbarG[1)] verpflichtet daher auch Eigentümer und Nutzungsberechtigte dieser höheren Gebäude, die Befestigung derartiger Einrichtungen an ihrem Hause zu dulden. Voraussetzung ist, daß das höhere Gebäude dadurch nicht erheblich beeinträchtigt wird. Außerdem muß die Höherführung der Schornsteine oder Luftschächte erforderlich und anders als durch Befestigung an der Nachbarwand nur mit erheblichen technischen Nachteilen oder unverhältnismäßig hohen Kosten möglich sein. Lüftungsschächte sind vielfach zur Entlüftung von innenliegenden Räumen ohne Außenwand wie Bädern, Toiletten und anderen Feuchträumen erforderlich.

Auch in diesem Fall muß die geplante Arbeit einen Monat vorher angezeigt werden; falls der Nachbar Einwendungen erhebt, muß vor Beginn der Arbeiten eine gerichtliche Entscheidung eingeholt werden. Für Schadenersatz gilt dasselbe wie beim Hammerschlags- und Leiterrecht, eine Nutzungsentschädigung kann aber nicht verlangt werden.

Befinden sich Schornsteine oder Lüftungsschächte an dem höheren Hause, dann müssen Eigentümer und Nutzungsberechtigte dieses Hauses auch dulden, daß Reinigung und Instandhaltung von ihrem Haus aus stattfinden, soweit diese Maßnahmen von dem niedrigen Hause aus nur mit Schwierigkeiten oder nur mit außergewöhnlich hohen Kosten ausgeführt werden könnten. Auch Einrichtungen, die das ermöglichen, wie ein Laufsteg für den Schornsteinfeger, können, falls notwendig, an dem höheren Hause angebracht werden. Andererseits kann der Eigentümer oder Nutzungsberechtigte des höheren Hauses verlangen, daß das

---

1) vgl. § 49 NachbarG

für ihn immer besonders lästige Durchgehen durch sein Haus von Schornsteinfegern und anderen Handwerkern vermieden wird, indem außen am Hause vom Eigentümer des niedrigen Hauses eine Steigleiter angebracht wird.

Auch für die Anbringung dieser zusätzlichen Anlagen und Einrichtungen gelten die Bestimmungen über rechtzeitige Anzeige und Schadenersatz.

Weitere Rechte an fremden Grundstücken als die hier dargelegten können vertraglich begründet werden. Beschränkungen gibt es da nicht, es kann alles vereinbart werden: Baubeschränkungen (z. B. zur Sicherung einer Aussicht), Beschränkungen hinsichtlich der Bepflanzung, Wegerechte und Überfahrtsrechte. Für die Verträge gibt es zwar grundsätzlich keine Formvorschrift, gleichwohl empfiehlt es sich, vereinbarte Rechte und Pflichten durch Grunddienstbarkeiten zu sichern, da anderenfalls die Vereinbarungen oft schwer zu beweisen und möglicherweise kurzfristig kündbar sind. Das kann insbesondere bei Wegerechten außerhalb des Gebiets der Notwege oft sehr unangenehm sein.

Die Verpflichtung zur Eintragung einer Grunddienstbarkeit muß notariell beurkundet werden, und die Grunddienstbarkeit selbst muß in das Grundbuch eingetragen sein, um wirksam zu sein. Vor 1900 konnten Grunddienstbarkeiten auch ohne Eintragung in das Grundbuch durch Vertrag oder sogar durch Ersitzung (30jährigen unangefochtenen Gebrauch) entstehen. Diese einmal entstandenen Grunddienstbarkeiten sind auch ohne Eintragungen im Grundbuch wirksam geblieben[1]. Sie finden sich gelegentlich in Form altüberlieferter Überwegerechte. Seit 1900 können Grunddienstbarkeiten aber nur durch Eintragung im Grundbuch rechtswirksam entstehen.

8. KAPITEL: Vom Grundwasser und Regenwasser (Oberflächenwasser) (§§ 38 bis 46 Nds. NachbarG)

Wasserrecht ist grundsätzlich öffentliches Recht. Die Allgemeinheit hat ein großes Interesse daran, daß das Wasser als wertvolles Lebens- und Wirtschaftsgut ordnungsmäßig verwaltet wird. Gleichwohl sind auch

1) vgl. Art. 128 EGBGB

nachbarrechtliche Bestimmungen erforderlich, die echte Ansprüche der Nachbarn hinsichtlich Zu- und Ablauf des Niederschlagswassers und der Behandlung des Grundwassers begründen.

Die Vorschriften des Nds. NachbarG über das Grundwasser haben weitgehend ergänzenden Charakter. Sie gelten nur dort, wo die Grundwasserwirtschaft nicht behördlich und wasserrechtlich geregelt ist. Niemand kann aufgrund der neuen nachbarrechtlichen Bestimmungen die öffentlich-rechtlich, von den Wasserwirtschaftsämtern im Rahmen geregelter Verfahren verliehenen Rechte angreifen oder beschränken.

So ist also der Grundsatz des Gesetzes, daß Eigentümer und Nutzungsberechtigte keine Maßnahmen treffen dürfen, durch die der Grundwasserspiegel steigt oder sinkt oder das Wasser in seiner physikalischen, chemischen oder biologischen Beschaffenheit verändert wird, nur da anzuwenden, wo nicht gegenteilige öffentlich-rechtliche Rechte und Berechtigungen bestehen. Das Wassergesetz macht derartige Einwirkungen schon im Interesse der Allgemeinheit von besonderen wasserbehördlichen Erlaubnissen und Bewilligungen abhängig und setzt Schadensersatzverpflichtungen fest für den Fall, daß Gewässer, zu denen auch das Grundwasser gehört, geschädigt, verunreinigt oder sonst in unzulässiger Weise beeinflußt werden. Diese wasserrechtlichen Vorschriften fallen nicht unter den Begriff „Nachbarrecht“ und können daher in dieser Abhandlung nicht behandelt werden.

Nachbarrechtlich sind die oben erwähnten Einwirkungen auf das Grundwasser oder seine Beeinträchtigungen nur insoweit von Bedeutung, als dadurch die Benutzung eines anderen Grundstücks erheblich beeinträchtigt wird. Da aber nach dem Wassergesetz fast alle denkbaren Einwirkungen auf das Grundwasser als „Benutzung“ gelten und Benutzungen einer Erlaubnis oder Bewilligung bedürfen, die wiederum in einem geregelten Verfahren unter Beteiligung der Betroffenen erteilt werden, kommen die nachbarrechtlichen Ansprüche nach dem Nds. NachbarG nur in Ausnahmefällen zur Anwendung. Das Gesetz bestimmt daher auch ausdrücklich, daß die nachbarrechtlichen Ansprüche nicht gelten gegenüber Einwirkungen auf das Grundstück, die sich ergeben aus wasserrechtlichen Bewilligungen, aufrechterhaltenen alten Rechten und Befugnissen, Ausbau von Gewässern oder Straßenbauten aufgrund eines Planverfahrens oder aus dem bergrechtlichen Befugnissen nach dem Berggesetz. Ebenso muß die nach dem Wassergesetz ohne besondere

Erlaubnis zulässige Entnahme von Grundwasser für Haushaltszwecke oder im Rahmen eines landwirtschaftlichen Betriebes ohne besondere Entschädigung durch die Nachbarn geduldet werden.

Im Gegensatz dazu ist das Oberflächenwasser rein nachbarrechtlich geregelt, nachdem der Versuch, dieses Gebiet öffentlich-rechtlich im Rahmen des Wassergesetzes zu behandeln, sich nicht bewährt hat. Das Gesetz spricht von wild abfließendem Wasser und meint damit das außerhalb eines Bettes abfließende Quell- oder Niederschlagswasser.

Die jetzige Regelung geht von folgendem Grundsatz aus: Jeder muß das ihm natürlich vom Oberlieger zulaufende und als Niederschlag auf sein Grundstück fallende Wasser aufnehmen; er kann dieses Wasser aber auch behalten, es für sich verwerten und braucht es an den Unterlieger nicht weiterzu geben. Eine Änderung des natürlichen Ablaufs ist daher nur in dem Sinne zulässig, daß der Eigentümer und in diesem Falle auch wieder die etwaigen Nutzungsberechtigten den Ablauf des Wassers zum Unterlieger verhindern, um das Wasser selbst (z. B. zur Bewässerung ihrer Grundstücke) zu behalten. Dagegen darf der natürliche Zulauf vom Oberlieger nicht gehindert und der Ablauf zum Unterlieger nicht verstärkt werden, etwa durch Anlegung von Dämmen oder Mauern, die den Zulauf des Wassers vom eigenen Grundstück fernhalten sollen oder das wild abfließende Wasser auf dem eigenen Grundstück in einer festen Rinne sammeln, durch die es dem Unterlieger verstärkt zugeführt wird. Beide Maßnahmen sind mit Zustimmung des Nachbarn natürlich zulässig, ohne Zustimmung allenfalls dann, wenn ihre Auswirkung auf das Nachbargrundstück nicht erheblich ist. Andererseits ist der Eigentümer eines Grundstücks grundsätzlich nicht verpflichtet zu verhindern, daß das auf seinem Grundstück anfallende Niederschlagswasser auf ein tiefer liegendes Grundstück abfließt. Eine solche Pflicht trifft ihn auch dann nicht, wenn er bei landwirtschaftlicher Nutzung des Grundstücks von der Bewirtschaftung als Grünland zum Anbau von Mais übergeht und sich dadurch der Wasserablauf ändert[1)].

Wasser ist allerdings eine sehr leicht bewegliche Sache. Als Folge von Naturereignissen (Unwettern) können erhebliche Änderungen im natürlichen Ablauf des Oberflächenwassers eintreten, das Wasser kann sich neue Wege bahnen, Ab- und Anschwemmungen können einreten. In derartigen Fällen haben Eigentümer und Nutzungsberechtigte der beein-

1) BGH, Urteil vom 18. 4. 1991 – III ZR 1/90 – NJW 1991, 2770

trächtigten Grundstücke das Recht, den früheren Zustand des veränderten Grundstücks wieder herzustellen, sie dürfen das fremde Grundstück betreten und dort Arbeiten ausführen.

Allerdings muß auch hier wieder, außer im Notstandsfall, die Absicht, dieses Recht auszuüben und Arbeiten vorzunehmen, dem Eigentümer und dem Nutzungsberechtigten des betroffenen Grundstücks im einzelnen einen Monat vor Beginn der Arbeiten angezeigt werden. Läßt sich einer der Betroffenen nicht erreichen, weil sein Wohnsitz unbekannt oder im Ausland gelegen ist, genügt die Anzeige an den unmittelbaren Besitzer des Grundstücks. Erhebt der Betroffene Einwendungen und kann man sich nicht einigen, so muß auch hier wieder die Frage, was getan werden darf, zunächst gerichtlich entschieden werden, ehe mit den Arbeiten angefangen werden darf. Kleinere Arbeiten und Besichtigungen brauchen nur einen Tag vorher angezeigt zu werden.

Für allen bei den Arbeiten angerichteten Schaden ist wieder Schadensersatz auch ohne Nachweis eines Verschuldens zu leisten, bei voraussichtlichem Schaden von mehr als 2 000 DM kann die Erlaubnis zum Beginn der Arbeiten von einer Sicherheitsleistung abhängig gemacht werden. Etwaiges Mitverschulden des Inhabers des betroffenen Grundstücks ist entsprechend zu berücksichtigen.

Im übrigen ist das Wiederherstellungsrecht an eine Ausschlußfrist gebunden. Es muß bis zum Ende des auf das Ereignis folgenden Kalenderjahres geltend gemacht werden. Ist also durch ein Unwetter am 14. Februar 1990 die Vorflut geändert, muß die Wiederherstellung bis zum 31. Dezember 1991 erfolgt sein. Diese Frist ruht für die Dauer des Prozesses, wenn es um das Wiederherstellungsrecht zum Rechtsstreit kommt.

Da nach altem Recht die Verhältnisse vielfach anders lagen, gibt es noch viele Fälle, in denen Grundeigentümer sich durch Anlagen wie Dämme, Mauern und andere Wassersperren gegen den Zufluß des Oberflächenwassers gewehrt haben. Diese Anlagen können auch über den 1. Januar 1968 hinaus bestehen bleiben, wenn sie bisher rechtens waren, doch kann der Oberlieger, abweichend von dem allgemeinen Grundsatz des Nds. NachbarG „Was steht, steht“, die Beseitigung dieser Anlage verlangen, wenn er mit dem wild abfließenden Wasser auf seinem Grundstück nicht oder nur bei Aufwendung unverhältnismäßig hoher Kosten fertig werden könnte.

Regenwasser und sonstiges Niederschlagswasser fällt auch auf Dächer und läuft von dort als Traufwasser seitlich herunter. Auch das kann das Nachbargrundstück beeinträchtigen.

Das Nds. NachbarG gewährt kein eigentliches Traufrecht, im Gegenteil, es verlangt, daß Eigentümer und Nutzungsberechtigte eines Grundstücks ihre baulichen Anlagen (dazu gehören z. B. auch Grenzmauern!) so einrichten müssen, daß Traufwasser nicht auf das Nachbargrundstück tropft oder in sonstiger Weise etwa als Spritzwasser nach dem Aufschlag auf dem Boden, dorthin gelangt. Dächer, die dem Nachbarn zugeneigt sind, müssen also mit Regenrinnen versehen werden, Mauerkronen dem eigenen Grundstück zu abgeschrägt sein. In diesem Fall kann der Nachbar diese Maßnahmen auch verlangen, wenn sie bisher fehlten, es sei denn, daß er aus besonderem Recht (Grunddienstbarkeit, örtlich eingeführtes Traufrecht usw.) zur Aufnahme des Traufwassers verpflichtet ist.

Ist dies der Fall, dann kann der Nachbar, um die schädlichen Folgen des Tropfenfalls auf sein Grundstück auszuschließen, auf seine Kosten entsprechende Sammel- und Abflußeinrichtungen wie Dachrinnen und Regenrohre am Nachbarhaus anbringen. Dies Recht ist ausgeschlossen, wenn dadurch das benachbarte Haus erheblich beeinträchtigt würde.

Wer von diesem Recht Gebrauch machen will, muß das wieder einen Monat vor Beginn der Arbeiten dem Nachbarn schriftlich anzeigen und darf, falls dieser Einwendungen erhebt und eine Einigung nicht zustande kommt, vor gerichtlicher Entscheidung nicht mit den Arbeiten anfangen. Er hat in vollem Umfang für allen im Verfolg der Arbeiten angerichteten Schaden auch ohne Verschulden zu haften und hat für die Zukunft die Anlagen auf seine Kosten zu unterhalten. Der Nachbar kann seine Erlaubnis von vorheriger Sicherheitsleistung abhängig machen, wenn mit Schaden von mehr als 2 000 DM zu rechnen ist.

Stehen am 1. Januar 1968 Grundstücksmauern als Einfriedung des Grundstücks an einer Straße und ist ihre Mauerkrone nach außen geneigt, so daß der Tropfenfall auf die Straße erfolgt (ein nicht gerade seltener Fall), so kann dieser Zustand auch über den 1. Januar 1968 hinaus verbleiben. Bei neuen Grenzmauern an Straßen (und den ihnen gleichgestellten öffentlichen Grünflächen) muß die Mauerkrone aber nach innen geneigt sein.

9. KAPITEL: Von Vertiefungen und Erhöhungen des Grundstücks § 909 BGB; § 26 NdsNachbarG

Über Vertiefungen sagt das Gesetz nur, daß ein Grundstück nicht in der Weise vertieft werden darf, daß der Boden des Nachbargrundstücks die erforderliche Stütze verliert. Gegebenenfalls muß für eine genügende anderweitige Befestigung gesorgt werden[1)]. Sind Grundstückseigentümer und Architekt für ein und dieselbe Schadenursache verantwortlich, so haften sie als Gesamtschuldner[2)].

Hat der Eigentümer des beeinträchtigten Grundstücks das benachbarte Grundstück selbst abgegraben, so kann grundsätzlich auch sein Rechtsnachfolger gegen den Eigentümer des vertieften Grundstücks keine Ansprüche auf Herstellung einer genügenden, anderweitigen Befestigung erheben[3)].

Worauf die Vertiefung beruht, ist gleichgültig, es kann sich um Ausschachtungen oder Abgrabungen handeln (die aber auch weitgehend baugenehmigungspflichtig sind), es kann sich aber auch um Bodensenkungen als Folge anderer Maßnahmen handeln, z. B. Entzug des Grundwassers (soweit in dieser Hinsicht nicht überhaupt andere, oben erläuterte Vorschriften eingreifen), Bodenpressung durch übergewichtige Gebäude oder aber auch eine Erhöhung des Bodenniveaus[4)].

Auch hinsichtlich der Bodenerhöhungen (Aufschüttungen usw.), für die es bisher besondere Bestimmungen nicht gab, beschränkt sich das Nds. NachbarG auf die allgemeine Feststellung, daß dabei ein solcher Grenzabstand einzuhalten ist und solche Vorkehrungen zu treffen und zu unterhalten sind (z. B. Stützmauern), daß eine Schädigung des Nachbargrundstücks durch Bodenbewegungen ausgeschlossen ist.

Im übrigen können Aufschüttungen auch „gefährliche Anlagen" sein[5)], wenn von ihnen unzulässige Einwirkungen auf Nachbargrundstücke ausgehen.

---

1) vgl. § 909 BGB
2) BGH, Urteil vom 26. 11. 1982 – V ZR 314/91 – NJW 1983, 872
3) BGH, Urteil vom 25. 5. 1984 – V ZR 199/82 – MDR 1984, 924
4) Mü Ko, Säcker, Rdz. 10 zu § 909 BGB; Dehner, § 20, Abschn. V Ziff. 1
5) s. oben, Kapitel 6

10. KAPITEL: Von den Beziehungen zwischen Grundeigentümer und öffentlichen Verkehrswegen (§§ 16, 18, 20, 21, 24, 25, 28, 30–32 Nds. NachbarG; §§ 9–11 FernStrG; § 17 EisenbahnG)

Auch zwischen dem Grundstückseigentümer und dem Eigentümer der an seinem Grundstück vorüberführenden Straße bestehen nachbarrechtliche Beziehungen, doch werden sie weitgehend dadurch beeinflußt, daß die Straße dem öffentlichen Verkehr und damit dem Gemeingebrauch dient. Sie gehören überwiegend dem öffentlichen Recht an, nachbarrechtliche Ansprüche gegenüber dem Straßeneigentümer sind nur in Ausnahmefällen gegeben.

Damit gehören sie grundsätzlich nicht zu dem hier erörterten Themenkreis, gleichwohl sollen sie, der Vollständigkeit halber, kurz behandelt werden.

Zunächst bestehen sog. klassifizierten Straßen gegenüber (Bundes-, Landes- und Kreisstraßen) erweiterte Grenzabstandsvorschriften für Gebäude[1]. Hochbauten müssen von Autobahnen 40 m, von Bundes- und Landesstraßen 20 m und von Kreisstraßen 15 m, jeweils vom Fahrbahnrand gemessen, entfernt bleiben. In einem Abstand von 100 m längs der Autobahn, 40 m längs Bundes- und Landesstraßen und 30 m längs Kreisstraßen bedürfen Bauvorhaben besonderer Zustimmung durch die Straßenbauämter.

An Kreuzungen klassifizierter Straßen oder an Kreuzungen derartiger Straßen mit Eisenbahnen kann die Freihaltung von Sichtdreiecken verlangt werden.

Waldungen längs klassifizierter Straßen können mit entsprechenden Einschränkungen der Verfügungsfreiheit zu Schutzwaldungen erklärt werden[2].

Auf Grundstücken, die an klassifizierten Straßen oder Eisenbahnen liegen, müssen die Eigentümer die Anbringung vorübergehender Einrichtungen zum Schutz gegen Schneeverwehungen (Schneezäune), Steinschlag, Überschwemmungen und ähnlichen Natureinwirkungen dulden. Soweit

1) vgl. § 9 FStrG, § 24 NdsStrG

2) s. oben S. 17/18

diese verschiedenen Eigentumsbeschränkungen enteignungsähnliche Eingriffe darstellen, sind Entschädigungen zu zahlen.

Andererseits dürfen die Anlieger klassifizierter Straßen auch nicht genehmigungspflichtige kleinere Bauten, Pflanzungen, Zäune, Stapel, Haufen und sonstige Anlagen nicht errichten[1)], wenn Sicherheit und Leichtigkeit des Verkehrs dadurch beeinträchtigt werden.

Abweichend von den nachbarrechtlich vorgeschriebenen Grenzabständen für Bäume und Sträucher müssen die Straßenanlieger alle Maßnahmen dulden, die der Straßeneigentümer im Interesse der Erhaltung und Ergänzung von Anpflanzungen auf dem Straßenkörper trifft. Die Grenzabstandsvorschriften gelten nicht für Straßenbäume und Sträucher am Straßenrand. Straßenbäume und Sträucher auf Straßengrund können also unmittelbar an der Grenze anliegender Grundstücke stehen. Wenn ihre Zweige und Äste auf das Anliegergrundstück herüberragen, braucht der Anlieger sich das nicht gefallen zu lassen. Er kann Beseitigung verlangen und sie, wenn das vergeblich ist, selbst beseitigen.[2)] Auch eindringende Wurzeln[3)] dürfen die Anlieger beseitigen, müssen aber der Straßenbaubehörde rechtzeitig vorher Anzeige machen, damit diese für die Sicherung des Baumes sorgen kann.

Zum Ausgleich dafür brauchen die Anlieger, wie oben erörtert[4)], aber auch keinen Grenzabstand mit ihren Bäumen und Sträuchern von der Straße einzuhalten, soweit eben nicht wegen Verkehrsbehinderung die Beseitigung an klassifizierten Straßen verlangt werden kann. Zum Teil bestehen auch Ortsstatuten, die ein Zurückschneiden überhängender Zweige und Äste in den Straßenraum durch den Anlieger verlangen.

Ein Fensterrecht gegenüber öffentlichen Straßen besteht nicht, im Rahmen der baurechtlichen Zulässigkeit können also Türen, Fenster, Balkone und Terrassen zur Straße hin ohne Zustimmung des Straßeneigentümers angebracht werden. Allerdings dürfen Bauteile aller Art, auch Werbeschilder, oder außen angeschlagene Fenster nicht ohne weiteres in den Luftraum über der Straße hineinragen. Derartige Inanspruchnahmen des Straßenraumes werden weitgehend als Sondernutzungen angesehen, wofür die

1) vgl. BGH, Urteil vom 2. 12. 1988 – V ZR 26/88 – MDR 1989, 341; BGH, Urteil vom 7. 3. 1986 – V ZR 92/85 – NJW 1986, 2640

2) s. oben S. 17

3) s. oben S. 17

4) s. oben S. 22

Gemeinden Sondernutzungsgebühren berechnen. Auch ein Hammerschlags- und Leiterrecht kann auf öffentlichen Straßen nicht in Anspruch genommen werden. Die Lagerung von Baustoffen, die Aufstellung von Gerüsten und ähnliches ist auf jeden Fall genehmigungspflichtig und gemäß örtlicher Gebührenordnung gebührenpflichtige Sondernutzung. Auch Zufahrten zu klassifizierten Straßen sind Sondernutzungen.

Ein besonderes Gepräge gewinnt das Verhältnis des Straßenanliegers zur Straße überhaupt dadurch, daß die Verbindung seines Grundstücks mit der Straße für die Nutzung seines Grundstücks lebenswichtig sein kann. Grundsätzlich stehen auch dem Eigentümer der Straße die vollen Eigentumsrechte zu. Er kann mit der Sache nach Belieben verfahren, die Straße verändern, verlegen, erhöhen oder vertiefen. Niemand kann verlangen, daß die Straße unverändert bleibt. Im Gegenteil: Das Gesetz bestimmt ausdrücklich, daß Anlieger keinen Anspruch darauf haben, daß die Straße nicht geändert oder nicht eingezogen wird. Weil aber die Verbindung zur Straße für den Anlieger unentbehrlich ist, hat die Rechtsprechung der Gerichte schon frühzeitig Grundsätze des Anliegerrechts herausgearbeitet, die jetzt in der Form gesetzliche Gestalt gewonnen haben, daß bei Veränderungen der Straße die Schaffung einer Ersatzzufahrt oder einer Geldentschädigung verlangt werden kann, wenn durch die Änderung oder Einziehung einer Straße der bisher bestehende rechtmäßige Zugang oder Zutritt von Licht und Luft zum Grundstück entzogen oder wesentlich eingeschränkt wird. Was als „wesentliche Einschränkung“ anzusehen ist, sagt das Gesetz nicht, im allgemeinen wird eine Niveau-Änderung von mehr als 0,50 m als „wesentlich“ angesehen.

Daneben können durchaus nachbarrechtliche Ansprüche gegeben sein, wenn durch eine Erhöhung des Straßenplanums nachteilige Einwirkungen von der Aufschüttung ausgehen. Die sonstigen, von der Straße ausgehenden Einwirkungen wie Verkehrslärm, Erschütterungen oder sonstige Immissionen müssen allerdings, wie oben dargelegt[1)], im allgemeinen hingenommen werden, soweit nicht Ansprüche nach dem Bundesimmissionsschutzgesetz bestehen.

Die sonstige Anpassung des Grundstücks an das veränderte Straßenplanum, etwa durch das Versetzen von Zäunen oder Gittern, ist Sache des Grundstückseigentümers.

---

1) s. oben S. 53

11. KAPITEL: Von Leitungen über das Grundstück (§ 176 NWG)

Abweichend von anderen landesrechtlichen Nachbarrechtsgesetzen sieht das Nds. NachbarG davon ab, nachbarrechtliche Ansprüche hinsichtlich der Durchführung von Versorgungsleitungen durch fremde Grundstücke zu begründen. Dieses Gebiet ist einerseits für die wichtigsten Versorgungsleitungen öffentlich-rechtlich geordnet, zum anderen kann in besonderen Dringlichkeitsfällen auch für derartige Leitungen das Notwegsrecht in Anspruch genommen werden. Auch können Leitungsrechte zu Gunsten der öffentlichen Hand im Enteignungswege begründet werden.

Für den wichtigsten Fall der Durchführung von Wasserleitungen, Abwässerkanälen, Drainagen und ähnlichen wasserwirtschaftlich notwendigen Leitungen besteht die Möglichkeit, ein wasserrechtliches Zwangsrecht zu begründen. Der Unternehmer einer derartigen Anlage, so der Betreiber eines Wasserwerks wie eine Gemeinde, oder ein Abwasserverband, aber auch ein privater Grundstückseigentümer kann hinsichtlich der für ihn nötigen und von ihm zu schaffenden Leitungen verlangen, daß ihm die ober- oder unterirdische Durchleitung von Wasser oder Abwasser in geschlossenen, wasserdichten Leitungen von den Eigentümern der betroffenen Grundstücke, durch die die Leitungen hindurchgeführt werden müssen und die Unterhaltung der Leitungen gegen Entschädigung gestattet wird. Läßt sich darüber eine Einigung nicht erzielen, so kann die Wasserbehörde ein wasserrechtliches Zwangsrecht festsetzen.

Im übrigen gibt es kein allgemeines Recht der öffentlichen Hand, Leitungen über private Grundstücke zu führen. Dieses Recht kann sich immer nur aus bestimmten Gesetzen oder vertraglichen Bindungen, die letzteren oft in Form allgemeiner Versorgungsbedingungen, ergeben.

So unterwirft sich derjenige, der sein Grundstück an die Stromversorgung anschließen läßt – oft ohne es zu wissen – den Allgemeinen Bedingungen für die Elektrizitätsversorgung von Tarifkunden, kurz AVBElt genannt. Aufgrund dieser Versorgungsbedingungen ist der Stromabnehmer, wenn er Grundstückseigentümer ist, verpflichtet, Leitungen, Masten und sonstiges Zubehör unentgeltlich auf seinem Grundstück zu dulden, Bäume auszuästen und alle sonstigen Maßnahmen zu dulden, die den Bestand der Anlage sichern. Allerdings gilt das nur für das Niederspannungsnetz und für die Zwecke örtlicher Versorgung. Bei Fernleitungen und Hochspannungsleitungen müssen vertragliche Grundlagen geschaffen und Entschädigungen gezahlt werden. Ähnliches gilt bei der Versorgung mit Gas für die Verlegung von Rohrleitungen und den Einbau von Verteilungsanlagen für Zwecke der örtlichen Versorgung.

Bei Herstellung von Telefon- und Breitbandkabelanschlüssen verlangt die Post (Telekom) Grundstückseigentümer-Erklärungen, in denen der Grundstückseigentümer die Anlage des Anschlusses gestattet und sich gleichzeitig damit einverstanden erklärt, daß die Post (Telekom) Gestänge, Stützen, Hebel und dergleichen Dinge anbringt, die zur Herstellung von Anschlüssen, zur Einführung von Leitungen sowie zur Herstellung, Instandhaltung und Erweiterung des Telefonnetzes auf dem Grundstück sowie an oder in den Gebäuden erforderlich sind.

Abschließend sei noch erwähnt, daß weitere Leitungsrechte jederzeit vertraglich begründet und durch entsprechende Grunddienstbarkeiten gesichert werden können.[1)]

12. KAPITEL: Von der Verjährung nachbarrechtlicher Ansprüche (§ 924 BGB, § 2 Nds. NachbarG)

Wie alle bürgerlich-rechtlichen Ansprüche unterliegen auch nachbarrechtliche Ansprüche, soweit nicht besondere Bestimmungen bestehen, der Verjährung.

Unverjährbar sind die Ansprüche auf Beseitigung gefährlicher Anlagen und Schutz vor drohendem Ein- oder Absturz eines Gebäudes oder Gebäudeteiles auf dem Nachbargrundstück, ferner die Ansprüche, die sich aus unzulässiger Vertiefung des Grundstücks ergeben. Unverjährbar ist das Recht des Überbauverpflichteten, Abkauf des überbauten Grundstücksteils zu verlangen, ferner das Notwegrecht, Anspruch auf Mitwirkung des Nachbarn bei Neuabmarkung der Grenze, der Anspruch auf Neuabgrenzung, wenn der Grenzverlauf bei Grenzverwirrung nicht mehr festgestellt werden kann, und die Ansprüche auf Beseitigung eines Grenzbaumes und seinen Ersatz durch ein sonstiges Grenzzeichen.

1) s. oben S. 60

Schadenersatzansprüche, die nach dem Nds. NachbarG gegeben sind, verjähren in 3 Jahren von dem Zeitpunkt ab, zu dem der Berechtigte Kenntnis vom Schaden erlangt, absolut jedoch in 30 Jahren von der Entstehung des Schadens an.

Andere, auf Zahlung von Geld gerichtete Ansprüche des Nds. NachbarG (z. B. Nutzungsentschädigung beim Hammerschlags- und Leiterrecht), verjähren in 4 Jahren, gerechnet vom Ende des Jahres an, in dem der Anspruch entsteht. Für Berechnung der Verjährungsfrist, Hemmung und Unterbrechung der Verjährung gelten die allgemeinen Verjährungsvorschriften des BGB.[1)]

Von der Verjährung zu unterscheiden sind die in den einzelnen Kapiteln erwähnten Ausschlußfristen, so bei Nichteinhaltung der Grenzabstände bei Pflanzen, bei Verletzung des Licht- und Fensterrechts, bei Verletzung der Grenzabstandsvorschriften für Gebäude im Außenbereich, Wiederherstellung der durch Unwetter veränderten Vorflut usw. Auf diese Ausschlußfristen ist in den einzelnen Kapiteln jeweils hingewiesen worden.

1) vgl. §§ 194 ff. BGB

Niedersächsisches Nachbarrechtsgesetz

Vom 31. März 1967 (Nieders. GVBl. S. 91), zuletzt geändert durch Gesetz vom 19. September 1989 (Nieders. GVBl. S. 345)

Inhaltsübersicht

ERSTER ABSCHNITT: Allgemeine Vorschriften

§ 1 Begriff des Nachbarn

Nachbar im Sinne dieses Gesetzes ist nur der Eigentümer eines Grundstücks, im Falle des Erbbaurechts der Erbbauberechtigte.

§ 2 Verjährung

(1) Für die Verjährung der Ansprüche auf Schadenersatz nach diesem Gesetz gilt § 852 des bürgerlichen Gesetzbuchs (BGB) entsprechend.

(2) Andere, auf Zahlung von Geld gerichtete Ansprüche nach diesem Gesetz verjähren in vier Jahren. Die §§ 198 bis 225 BGB sind anzuwenden. Die Verjährung beginnt mit dem Schluß des Jahres, in welchem der Anspruch entsteht.

ZWEITER ABSCHNITT: Nachbarwand

§ 3 Begriff der Nachbarwand

Nachbarwand ist eine auf der Grenze zweier Grundstücke errichtete Wand, die mit einem Teil ihrer Dicke auf dem Nachbargrundstück steht und den Bauwerken beider Grundstücke als Abschlußwand oder zur Unterstützung oder Ausstellung dient oder dienen soll.

§ 4 Einvernehmen mit dem Nachbarn

Eine Nachbarwand darf nur im Einvernehmen mit dem Nachbarn errichtet werden. Für die im Einvernehmen mit dem Nachbarn errichtete Nachbarwand gelten die §§ 5 bis 15.

§ 5 Beschaffenheit der Nachbarwand

(1) Die Nachbarwand ist in einer solchen Bauart und Bemessung auszuführen, daß sie den Bauvorhaben beider Nachbarn genügt. Ist nichts anderes vereinbart, so braucht der zuerst Bauende die Wand nur für einen Anbau herzurichten, der an die Bauart und Bemessung der Wand keine höheren Anforderungen stellt als sein eigenes Bauvorhaben. Anbau ist die Mitbenutzung der Wand als Abschlußwand oder zur Unterstützung oder Aussteifung des neuen Bauwerks.

(2) Erfordert keines der beiden Bauvorhaben eine größere Dicke der Wand als das andere, so darf die Nachbarwand höchstens mit der Hälfte ihrer notwendigen Dicke auf dem Nachbargrundstück errichtet werden. Erfordert der auf dem einen der Grundstücke geplante Bau eine dickere Wand, so ist die Wand mit einem entsprechend größeren Teil ihrer Dicke auf diesem Grundstück zu errichten.

§ 6 Ansprüche des Nachbarn

Soweit die Nachbarwand dem § 5 Abs. 2 entspricht, hat der Nachbar keinen Anspruch auf Zahlung einer Vergütung (§ 912 BGB) oder auf Abkauf von Boden (§ 915 BGB). Wird die Nachbarwand beseitigt, bevor angebaut ist, so kann der Nachbar für die Zeitspanne ihres Bestehens eine Vergütung gemäß § 912 BGB beanspruchen.

§ 7 Anbau an die Nachbarwand

(1) Der Nachbar ist berechtigt, an die Nachbarwand nach den allgemein anerkannten Regeln der Baukunst anzubauen; dabei darf er in den Besitz des zuerst Bauenden an der Nachbarwand eingreifen. Unterfangen der Nachbarwand ist nur entsprechend den Vorschriften des § 20 zulässig.

(2) Der anbauende Nachbar hat dem Eigentümer des zuerst bebauten Grundstücks den halben Wert der Nachbarwand zu vergüten, soweit ihre Fläche zum Anbau genutzt wird. Ruht auf dem zuerst bebauten Grundstück ein Erbbaurecht, so steht die Vergütung dem Erbbauberechtigten zu.

(3) Die Vergütung ermäßigt sich angemessen, wenn die besondere Bauart oder Bemessung der Wand nicht erforderlich oder nur für das zuerst errichtete Bauwerk erforderlich ist; sie erhöht sich angemessen, wenn die besondere Bauart oder Bemessung der Wand nur für das später errichtete Bauwerk erforderlich ist.

(4) Steht die Nachbarwand mehr auf dem Grundstück des anbauenden Nachbarn, als in § 5 Abs. 2 vorgesehen ist, so kann dieser die Vergütung um den Wert des zusätzlich überbauten Bodens kürzen, wenn er nicht die in § 912 Abs. 2 oder in § 915 BGB bestimmten Rechte ausübt. Steht die Nachbarwand weniger auf dem Nachbargrundstück, als in § 5 Abs. 2 vorgesehen ist, so erhöht sich die Vergütung um den Wert des Bodens, den die Wand andernfalls auf dem Nachbargrundstück zusätzlich benötigt hätte.

(5) Die Vergütung wird fällig, wenn der Anbau im Rohbau hergestellt ist; sie steht demjenigen zu, der zu dieser Zeit Eigentümer (Erbbauberechtigter) ist. Bei der Wertberechnung ist von den zu diesem Zeitpunkt üblichen Baukosten auszugehen und das Alter sowie der bauliche Zustand der Nachbarwand zu berücksichtigen. Auf Verlangen ist Sicherheit in Höhe der voraussichtlich zu gewährenden Vergütung zu leisten, wenn mit einer Vergütung von mehr als 2 000 DM zu rechnen ist; in ein einem solchen Falle darf der Anbau erst nach Leistung der Sicherheit begonnen oder fortgesetzt werden.

§ 8 Anzeige des Anbaues

(1) Die Einzelheiten der geplanten Mitbenutzung der Wand sind zwei Monate vor Beginn der Bauarbeiten dem Eigentümer (Erbbauberechtigten) des zuerst bebauten Grundstücks anzuzeigen. Mit den Arbeiten darf, wenn nichts anderes vereinbart wird, erst nach Fristablauf begonnen werden.

(2) Etwaige Einwendungen gegen den Anbau sollen unverzüglich erhoben werden.

(3) Ist der Aufenthalt des Eigentümers (Erbbauberechtigten) nicht bekannt oder ist er bei Aufenthalt im Ausland nicht alsbald erreichbar und hat er keinen Vertreter bestellt, so genügt statt der Anzeige an ihn die Anzeige an den unmittelbaren Besitzer.

§ 9 Abbruch an der Nachbarwand

Der geplante Abbruch eines der beiden Gebäude, denen die Nachbarwand dient, ist dem Nachbarn anzuzeigen; § 8 gilt entsprechend.

§ 10 Unterhaltung der Nachbarwand

(1) Bis zum Anbau fallen die Unterhaltungskosten der Nachbarwand dem Eigentümer des zuerst bebauten Grundstücks allein zur Last.

(2) Nach dem Anbau sind die Unterhaltungskosten für den gemeinsam genutzten Teil der Wand von beiden Nachbarn zu gleichen Teilen zu tragen. In den Fällen des § 7 Abs. 3 ermäßigt oder erhöht sich der Anteil des Anbauenden an den Unterhaltungskosten entsprechend der Anbauvergütung.

(3) Wird eines der beiden Gebäude abgebrochen und nicht neu errichtet, so hat der Eigentümer des abgebrochenen Gebäudes die Außenfläche des bisher gemeinsam genutzten Teiles der Wand in einen für eine Außenwand geeigneten Zustand zu versetzen. Bedarf die Wand gelegentlich des Gebäudeabbruches noch weiterer Instandsetzung, so sind die Kosten dafür gemäß Absatz 2 gemeinsam zu tragen. Die künftige Unterhaltung der Wand obliegt dem Eigentümer des bestehen gebliebenen Gebäudes.

§ 11 Beseitigen der Nachbarwand vor dem Anbau

(1) Der Eigentümer des zuerst bebauten Grundstücks darf die Nachbarwand nur mit Einwilligung des Nachbarn beseitigen. Die Absicht, die Nachbarwand zu beseitigen, muß dem Nachbarn schriftlich erklärt werden. Die Einwilligung gilt als erteilt, wenn der Nachbar dieser Erklärung nicht innerhalb von zwei Monaten schriftlich widerspricht. Für die Erklärung gilt § 8 Abs. 3 entsprechend.

(2) Die Einwilligung gilt trotz Widerspruchs als erteilt, wenn

a) der Nachbar nicht innerhalb von sechs Monaten nach Empfang der Erklärung einen Antrag auf Genehmigung eines Anbaues bei der Baugenehmigungsbehörde einreicht oder

b) wenn die Ablehnung einer beantragten Baugenehmigung nicht mehr angefochten werden kann oder

c) wenn von einer Baugenehmigung nicht innerhalb eines Jahres nach Erteilung Gebrauch gemacht wird.

(3) Beseitigt der Erstbauende die Nachbarwand rechtswidrig ganz oder teilweise, so kann der anbauberechtigte Nachbar auch ohne Verschulden des Erstbauenden Schadensersatz verlangen. Der Anspruch wird fällig, wenn das spätere Bauwerk im Rohbau hergestellt ist.

§ 12 Erhöhen der Nachbarwand

(1) Jeder Nachbar darf die Nachbarwand auf seine Kosten erhöhen, wenn der andere Nachbar schriftlich einwilligt; bei der Erhöhung sind die allgemein anerkannten Regeln der Baukunst zu beachten. Die Einwilligung muß erteilt werden, wenn keine oder nur geringfügige Beeinträchtigungen des eigenen Grundstücks zu erwarten sind. Für den hinzugefügten oberen Teil der Nachbarwand gelten die Vorschriften des § 5 Abs. 1 und der §§ 7 bis 11.

(2) Der höher Bauende darf – soweit erforderlich – auf das Nachbardach einschließlich des Dachtragwerkes einwirken; er hat auf seine Kosten das Nachbardach mit der erhöhten Nachbarwand ordnungsgemäß zu verbinden.

(3) Wird die Nachbarwand nicht in voller Dicke erhöht, so ist die Erhöhung, wenn die Nachbarn nichts anderes vereinbart haben, auf die Mitte der Wand zu errichten.

§ 13 Verstärken der Nachbarwand

Jeder Nachbar darf die Nachbarwand auf seinem Grundstück verstärken, soweit es nach den allgemein anerkannten Regeln der Baukunst zulässig ist. Die Absicht der Verstärkung ist zwei Monate vor Beginn der Bauarbeiten anzuzeigen; § 8 gilt entsprechend.

§ 14 Schadensersatz

(1) Schaden, der durch Ausübung des Rechtes nach § 13 dem Eigentümer des anderen Grundstücks oder den Nutzungsberechtigten entsteht, ist auch ohne Verschulden zu ersetzen. Hat der Geschädigte den Schaden mitverursacht, so hängt die Ersatzpflicht sowie der Umfang der Ersatzleistung von den Umständen ab, insbesondere davon, inwieweit der Schaden vorwiegend von dem einen oder anderen Teil verursacht worden ist.

(2) Auf Verlangen ist Sicherheit in Höhe des möglichen Schadens zu leisten, wenn mit einem Schaden von mehr als 2 000 DM zu rechnen ist; in einem solchen Falle darf das Recht erst nach Leistung der Sicherheit ausgeübt werden.

§ 15 Erneuerung einer Nachbarwand

Wird eine Nachbarwand, neben der ein später errichtetes Bauwerk steht, abgebrochen und durch eine neue Wand ersetzt, so darf die neue Wand über die Grenze hinaus auf der alten Stelle errichtet werden. Soll die neue Nachbarwand in Bauart oder Bemessung von der früheren abweichen, so sind die §§ 12 bis 14 entsprechend anzuwenden.

DRITTER ABSCHNITT: Grenzwand

§ 16 Errichten einer Grenzwand

(1) Wer an der Grenze zweier Grundstücke, jedoch ganz auf seinem Grundstück, eine Wand errichten will (Grenzwand), hat dem Nachbarn die Bauart und Bemessung der beabsichtigten Wand anzuzeigen. § 8 Abs. 2

und 3 ist entsprechend anzuwenden. Als Grenzwand gilt auch eine neben einer Nachbarwand oder neben einem Überbau geplante Wand.

(2) Der Nachbar kann innerhalb eines Monats nach Zugang der Anzeige verlangen, die Grenzwand so zu gründen, daß zusätzliche Baumaßnahmen vermieden werden, wenn er später neben der Grenzwand ein Bauwerk errichtet oder erweitert. Mit den Arbeiten darf, wenn nichts anderes vereinbart wird, erst nach Ablauf der Frist begonnen werden.

(3) Die durch das Verlangen nach Absatz 2 entstehenden Mehrkosten sind zu erstatten. In Höhe der voraussichtlich erwachsenden Mehrkosten ist auf Verlangen des Bauherrn binnen zwei Wochen Vorschuß zu leisten. Der Anspruch auf die besondere Gründung erlischt, wenn der Vorschuß nicht fristgerecht geleistet wird.

(4) Soweit der Bauherr die besondere Gründung innerhalb von fünf Jahren seit der Errichtung auch zum Vorteil seines Bauwerks ausnutzt, beschränkt sich die Erstattungspflicht des Nachbarn auf den angemessenen Kostenanteil; darüber hinaus gezahlte Kosten können zurückgefordert werden.

§ 17 Veränderung oder Abbruch einer Grenzwand

Wer eine Grenzwand erhöhen, verstärken oder abbrechen will, hat die Einzelheiten dieser Baumaßnahme einen Monat vor Beginn der Arbeiten dem Nachbarn anzuzeigen. § 8 ist entsprechend anzuwenden.

§ 18 Anbau an eine Grenzwand

(1) Der Nachbar darf an eine Grenzwand nur anbauen (§ 5 Abs. 1 Satz 3), wenn der Eigentümer einwilligt. Bei dem Anbau sind die allgemein anerkannten Regeln der Baukunst zu beachten.

(2) Der anbauende Nachbar hat dem Eigentümer der Grenzwand eine Vergütung zu zahlen, soweit er sich nicht schon nach § 16 Abs. 3 an den Errichtungskosten beteiligt hat. Auf dieses Vergütung findet § 7 Abs. 2, 3 und 5 entsprechende Anwendung. Die Vergütung erhöht sich um den Wert des Bodens, den der Anbauende gemäß § 5 Abs. 2 bei Errichtung einer Nachbarwand hätte zur Verfügung stellen müssen.

(3) Für die Unterhaltungskosten der Grenzwand gilt § 10 entsprechend.

§ 19 Anschluß bei zwei Grenzwänden

(1) Wer eine Grenzwand neben einer schon vorhandenen Grenzwand errichtet, muß sein Bauwerk an der zuerst errichtete Bauwerk auf seine Kosten anschließen, soweit dies nach den allgemein anerkannten Regeln der Baukunst erforderlich oder für die Baugestaltung zweckmäßig ist. Er hat den Anschluß auf seine Kosten zu unterhalten.

(2) Die Einzelheiten des beabsichtigten Anschlusses sind in der in § 16 Abs. 1 vorgeschriebenen Anzeige dem Eigentümer des zuerst bebauten Grundstücks mitzuteilen.

(3) Werden die Grenzwände gleichzeitig errichtet, so tragen die Nachbarn die Kosten des Anschlusses und seiner Unterhaltung zu gleichen Teilen.

§ 20 Unterfangen einer Grenzwand

(1) Der Nachbar darf eine Grenzwand nur unterfangen, wenn

1. dies zur Ausführung seines Bauvorhabens nach den allgemein anerkannten Regeln der Baukunst unumgänglich ist oder nur mit unzumutbar hohen Kosten vermieden werden könnte und
2. keine erhebliche Schädigung des zuerst errichteten Gebäudes zu besorgen ist.

(2) Für Anzeigepflicht und Schadensersatz gelten die §§ 8 und 14 entsprechend.

§ 21 Einseitige Grenzwand

Darf nur auf einer Seite unmittelbar an eine gemeinsame Grenze gebaut werden, so hat der Nachbar kleinere, nicht zum Betreten bestimmte Bauteile, die in den Luftraum seines Grundstücks übergreifen, zu dulden, wenn sie die Benutzung seines Grundstücks nicht oder nur geringfügig beeinträchtigen.

§ 22 Über die Grenze gebaute Wand

Die Bestimmungen über die Grenzwand gelten auch für eine über die Grenze hinausreichende Wand, wenn die Vorschriften über die Nachbarwand nicht anwendbar sind. Stimmt der Erbauer einer solchen Wand auf Wunsch des Nachbarn einem Anbau zu, so gelten die Vorschriften über die Nachbarwand.

VIERTER ABSCHNITT: Fenster- und Lichtrecht

§ 23 Umfang und Inhalt

(1) In oder an der Außenwand eines Gebäudes, die parallel oder in einem Winkel bis zu 75 zur Grenze des Nachbargrundstücks verläuft, dürfen Fenster oder Türen, die von der Grenze einen geringeren Abstand als 2,5 m haben sollen, nur mit Einwilligung des Nachbarn angebracht werden. Das gleiche gilt für Balkone und Terrassen.

(2) Von einem Fenster, dem der Nachbar zugestimmt hat, müssen er und seine Rechtsnachfolger mit später errichteten Gebäuden mindestens 2,5 m Abstand einhalten.

§ 24 Ausnahmen

Eine Einwilligung nach § 23 Abs. 1 ist nicht erforderlich

1. für lichtdurchlässige Bauteile, wenn sie undurchsichtig und schalldämmend sind,
2. für Außenwände an oder neben öffentlichen Straßen, öffentlichen Wegen und öffentlichen Plätzen (öffentlichen Straßen) sowie an der neben Gewässern von mehr als 2,5 m Breite.

§ 25 Ausschluß des Beseitigungsanspruches

(1) Der Anspruch auf Beseitigung einer Einrichtung nach § 23 Abs. 1, die einen geringeren als den dort vorgeschriebenen Grenzabstand hat, ist ausgeschlossen,

1. wenn die Einrichtung bei Inkrafttreten dieses Gesetzes vorhanden ist und ihr Grenzabstand sowie ihre sonstige Beschaffenheit dem bisherigen Recht entspricht oder
2. wenn der Nachbar nicht spätestens im zweiten Kalenderjahr nach dem Anbringen der Einrichtung Klage auf Beseitigung erhoben hat; die Frist endet frühestens zwei Jahre nach Inkrafttreten dieses Gesetzes.

(2) Wird das Gebäude, an dem sich die Einrichtungen befanden, durch ein neues Gebäude ersetzt, so gelten die §§ 23 und 24.

FÜNFTER ABSCHNITT: Bodenerhöhungen

§ 26

Wer den Boden seines Grundstücks über die Oberfläche des Nachbargrundstücks erhöht, muß einen solchen Grenzabstand einhalten oder solche Vorkehrungen treffen und unterhalten, daß eine Schädigung des Nachbargrundstücks durch Bodenbewegungen ausgeschlossen ist. Die Verpflichtung geht auf den Rechtsnachfolger über.

SECHSTER ABSCHNITT: Einfriedung

§ 27 Einfriedungspflicht

(1) Grenzen bebaute oder gewerblich genutzte Grundstücke aneinander, so kann jeder Eigentümer eines solchen Grundstücks, sofern durch Einzelvereinbarung nichts anderes bestimmt ist, von den Nachbarn die Einfriedung nach folgenden Regeln verlangen:

1. Wenn Grundstücke unmittelbar nebeneinander an derselben Straße oder an demselben Wege liegen, so hat jeder Eigentümer an der Grenze zum rechten Nachbargrundstück einzufrieden. Rechtes Nachbargrundstück ist dasjenige, das von der Straße (dem Wege) aus betrachtet rechts liegt. Dies gilt auch für Eckgrundstücke, auch für solche, die an drei Straßen oder Wege grenzen.
2. Liegt ein Grundstück zwischen zwei Straßen oder Wegen, so ist dasjenige Grundstück rechtes Nachbargrundstück im Sinne von Nr. 1 Satz 2, welches an derjenigen Straße (demjenigen Wege) rechts liegt, an der (dem) sich der Haupteingang des Grundstücks befindet. Durch Verlegung des Haupteingangs wird die Einfriedungspflicht ohne Zustimmung des Nachbarn nicht verändert. Für Eckgrundstücke gilt Nr. 1 ohne Rücksicht auf die Lage des Haupteingangs.
3. Wenn an einer Grenze gemäß Nr. 2 in Verbindung mit Nr. 1 beide Nachbarn einzufrieden haben, so haben sie gemeinsam einzufrieden.

4. An Grenzen, auf die weder Nr. 1 noch Nr. 2 dieses Absatzes anwendbar ist, insbesondere an beiderseits rückwärtigen Grenzen, ist gemeinsam einzufrieden.
5. Soweit die Grenzen mit Gebäuden besetzt sind, besteht keine Einfriedungspflicht.

(2) Soweit in einem Teil eines Ortes Einfriedungen nicht üblich sind, besteht keine Einfriedungspflicht. § 29 Abs. 2 bleibt unberührt.

§ 28 Beschaffenheit der Einfriedung

Art und Beschaffenheit der Einfriedung richten sich nach Vereinbarung oder Ortsübung. Wenn sich für einen Teil eines Ortes keine andere Ortsübung feststellen läßt, sollen Einfriedungen in der Regel 1,2 m hoch sein. Die Einfriedung ist – vorbehaltlich des § 30 – auf dem eigenen Grundstück zu errichten. Seitliche Zaunpfosten sollen dem eigenen Grundstück zugekehrt sein.

§ 29 Einfriedungspflicht des Störers

(1) Reicht eine den §§ 27 und 28 entsprechende ortsübliche Einfriedung nicht aus, um angemessenen Schutz vor unzumutbaren Beeinträchtigungen zu bieten, so hat derjenige, von dessen Grundstück die Beeinträchtigungen ausgehen, auf Verlangen des Nachbarn die Einfriedung zu verbessern, wenn dadurch die Beeinträchtigungen verhindert oder gemindert werden können.

(2) Gehen von einem bebauten oder gewerblich genutzten Grundstück unzumutbare Beeinträchtigungen aus und ergibt sich aus § 27 keine Einfriedungspflicht, so hat der Eigentümer auf Verlangen des Nachbarn eine Einfriedung zu errichten, die dem Nachbargrundstück angemessenen Schutz gewährt. Für unbebaute Grundstücke in Baulücken gilt das gleiche.

§ 30 Gemeinsame Einfriedung auf der Grenze

Haben zwei Nachbarn gemeinsam einzufrieden und will keiner von ihnen die Einfriedung ganz auf seinem Grundstück errichten, so ist jeder von ihnen berechtigt, eine ortsübliche Einfriedung auf die Grenze zu setzen; der andere Nachbar ist berechtigt, bei der Errichtung der Einfriedung mitzuwirken. Seitliche Zaunpfosten dürfen auf die Hälfte der Strecke dem Nachbargrundstück zugekehrt auf diese gesetzt werden.

§ 31 Abstand von der Grenze

(1) Die Einfriedung eines Grundstücks muß von der Grenze einen landwirtschaftlich genutzten Nachbargrundstücks auf Verlangen des Nachbarn 0,6 m zurückbleiben, wenn beide Grundstücke außerhalb eines im Zusammenhang bebauten Ortsteiles liegen und nicht in einem Bebauungsplan als Bauland ausgewiesen sind. Der Geländestreifen vor der Einfriedung kann bei der Bewirtschaftung des landwirtschaftlich genutzten Grundstücks betreten und befahren werden.

(2) Die Verpflichtung nach Absatz 1 erlischt, wenn eines der beiden Grundstücke Teil eines im Zusammenhang bebauten Ortsteiles wird oder in einem Bebauungsplan als Bauland ausgewiesen wird.

§ 32 *(gestrichen)*

§ 33 Ausschluß von Beseitigungsansprüchen

(1) Der Anspruch auf Beseitigung einer Einfriedung, die einen geringeren als den in § 31 vorgeschriebenen Grenzabstand hat, ist ausgeschlossen,

1. wenn die Einfriedung bei Inkrafttreten dieses Gesetzes vorhanden ist und ihr Grenzabstand dem bisherigen Recht entspricht, oder
2. wenn der Nachbar nicht spätestens im zweiten Kalenderjahr nach Errichtung der Einfriedung Klage auf Beseitigung erhoben hat.

Der Ausschluß gilt nicht, wenn die Einfriedung durch eine andere ersetzt wird.

(2) Absatz 1 ist entsprechend anzuwenden, wenn eine Einfriedung die Grenze überschreitet, ohne daß dies nach § 30 statthaft ist.

§ 34 Kosten

Wer zur Einfriedung allein verpflichtet ist, hat die Kosten der Errichtung und der Unterhaltung der Einfriedung zu tragen. Dies gilt auch, wenn die Einfriedung teilweise oder ganz auf dem Nachbargrundstück steht.

§ 35 Errichtungskosten in besonderen Fällen

(1) Haben zwei Nachbarn gemeinsam einzufrieden, so tragen sie – vorbehaltlich des Absatzes 4 – die Kosten je zur Hälfte.

(2) Entsteht die beiderseitige Einfriedungspflicht erst nach Errichtung der Einfriedung, so ist ein Beitrag zu den Errichtungskosten in Höhe des halben Zeitwertes der Einfriedung zu zahlen.

(3) Wird im Falle des § 27 Abs. 1 oder Nr. 2 das linke Nachbargrundstück erst später bebaut oder gewerblich genutzt, so hat der linke Nachbar eine vom Erstbauenden an der gemeinsamen Grenze errichtete Einfriedung zum Zeitwert zu übernehmen.

(4) Der Berechnung sind die tatsächlichen Aufwendungen einschließlich der Eigenleistung zugrunde zu legen, in der Regel jedoch nur die Kosten einer ortsüblichen Einfriedung. Höhere Kosten sind nur zu berücksichtigen, wenn eine aufwendigere Einfriedungsart erforderlich war; war die besondere Einfriedungsart nur für eines der beiden Grundstücke erforderlich, so treffen die Mehrkosten den Eigentümer dieses Grundstücks.

(5) Diese Vorschriften gelten auch, wenn die Einfriedung ganz auf einem der beiden Grundstücke errichtet ist.

§ 36 Benutzung und Unterhaltung der gemeinschaftlichen Einfriedung

(1) Haben die Nachbarn die Errichtungskosten einer Einfriedung gemeinsam zu tragen oder hat ein Nachbar dem anderen später einen Beitrag zu den Errichtungskosten zu zahlen, so sind beide Nachbarn zur Benutzung der Einfriedung gemeinschaftlich berechtigt. Für die gemeinschaftliche Benutzung und Unterhaltung gilt § 922 BGB.

(2) Dies gilt auch, wenn die Einfriedung ganz auf einem der beiden Grundstücke errichtet ist.

§ 37 Anzeigepflicht

(1) Die Absicht, eine Einfriedung auf oder an der Grenze oder in weniger als 0,6 m Abstand von der Grenze zu errichten, zu beseitigen, durch eine andere zu ersetzen oder wesentlich zu verändern, ist dem Nachbarn einen Monat vorher anzuzeigen. Bei einer Einfriedung von mehr als

ortsüblicher Höhe ist die Anzeige bei einem Grenzabstand bis zu 1,5 m erforderlich.

(2) Die Anzeigepflicht besteht auch dann, wenn der Nachbar weder die Einfriedung verlangen kann noch zu den Kosten beizutragen braucht.

(3) Im übrigen ist § 8 entsprechend anzuwenden.

SIEBENTER ABSCHNITT: Wasserrechtliches Nachbarrecht

§ 38 Veränderung des Grundwassers

(1) Der Eigentümer eines Grundstücks und die Nutzungsberechtigten dürfen auf den Untergrund des Grundstücks nicht in einer Weise einwirken, daß der Grundwasserspiegel steigt oder sinkt oder die physikalische, chemische oder biologische Beschaffenheit des Grundwassers verändert wird, wenn dadurch die Benutzung eines anderen Grundstücks erheblich beeinträchtigt wird.

(2) Dies gilt nicht für Einwirkungen auf das Grundwasser

1. auf Grund einer Bewilligung nach dem Niedersächsischen Wassergesetz oder auf Grund eines alten Rechts oder einer alten Befugnis, die in § 32 des Niedersächsischen Wassergesetzes aufrechterhalten sind, oder
2. durch einen Gewässerausbau, für den ein Planfeststellungsverfahren nach dem Niedersächsischen Wassergesetz durchgeführt worden ist, oder
3. durch eine Maßnahme, für die auf Grund des Bundesfernstraßengesetzes, des Niedersächsischen Straßengesetzes oder anderer Gesetze ein Planungsverfahren durchgeführt worden ist, oder
4. auf Grund eines bergrechtlichen Betriebsplanes.

(3) Beeinträchtigungen des Grundwassers als Folge einer erlaubnisfreien Benutzung nach § 136 Abs. 1 und 2 des Niedersächsischen Wassergesetzes müssen die Nachbarn ohne Entschädigung dulden.

(4) § 64 des Niedersächsischen Wassergesetzes bleibt unberührt.

§ 39 Wild abfließendes Wasser

(1) Wild abfließendes Wasser ist oberirdisch außerdhalb eines Bettes abfließendes Quell- oder Niederschlagswasser.

(2) Der Eigentümer eines Grundstücks und die Nutzungsberechtigten dürfen nicht

1. den Abfluß wild abfließenden Wassers auf andere Grundstücke verstärken,
2. den Zufluß wild abfließenden Wassers von anderen Grundstücken auf ihr Grundstück verhindern,

wenn dadurch die anderen Grundstücke erheblich beeinträchtigt werden.

(3) Der Eigentümer und die Nutzungsberechtigten dürfen den Abfluß wild abfließenden Wassers von ihrem Grundstück auf andere Grundstücke mindern oder unterbinden.

§ 40 Hinderung des Zuflusses

Anlagen, die den Zufluß wild abfließenden Wassers verhindern, können bestehen bleiben, wenn sie bei Inkrafttreten dieses Gesetzes rechtmäßig vorhanden sind. Sie sind jedoch zu beseitigen, wenn der Eigentümer eines höher gelegenen Grundstücks das wild abfließende Wasser durch Anlagen auf seinem Grundstück nicht oder nur mit unverhältnismäßig hohen Kosten abführen kann.

§ 41 Wiederherstellung des früheren Zustandes

(1) Haben Naturereignisse Veränderungen der in § 39 Abs. 2 genannten Art bewirkt, so dürfen der Eigentümer des beeinträchtigten Grundstücks und die Nutzungsberechtigten den früheren Zustand des Grundstücks, auf dem die Veränderung eingetreten ist, auf ihre Kosten wieder herstellen und zu diesem Zweck das Grundstück betreten.

(2) Das Recht nach Absatz 1 kann nur bis zum Ende des auf den Eintritt der Veränderung folgenden Kalenderjahres ausgeübt werden. Während der Dauer eines Rechtsstreites über die Pflicht zur Duldung der Wiederherstellung ist der Lauf der Frist für die Prozeßbeteiligten gehemmt.

§ 42 Anzeigepflicht

(1) Wer das Recht nach § 41 Abs. 1 ausüben will, hat einen Monat vor Beginn der Arbeiten dem Eigentümer des betroffenen Grundstücks und – wenn ihr Besitz berührt wird – auch den Nutzungsberechtigten die beabsichtigten Maßnahmen im einzelnen anzuzeigen. Mit den Arbeiten darf, wenn nichts anders vereinbart wird, erst nach Fristablauf begonnen werden.

(2) Etwaige Einwendungen gegen die beabsichtigte Rechtsausübung sollen unverzüglich erhoben werden. Werden Einwendungen erhoben, über die sich keine Einigung erzielen läßt, so darf in den Besitz des Nachbarn und der Nutzungsberechtigten nicht ohne gerichtliche Entscheidung eingegriffen werden.

(3) Ist der Aufenthalt eines Duldungspflichtigen nicht bekannt oder ist er bei Aufenthalt im Ausland nicht alsbald erreichbar und ist auch kein Vertreter bestellt, so genügt statt der Anzeige an diesen Betroffenen die Anzeige an den unmittelbaren Besitzer oder an den Eigentümer.

(4) Die Absicht, das betroffene Grundstück zur Besichtigung oder wegen kleinerer Arbeiten zu betreten, braucht nur einen Tag vorher dem unmittelbaren Besitzer angezeigt zu werden.

§ 43 Schadensersatz

Schaden, der bei Ausübung des Rechtes nach § 41 Abs. 1 dem Eigentümer oder den Nutzungsberechtigten des von der Rechtsausübung betroffenen Grundstücks entsteht, ist auch ohne Verschulden zu ersetzen. § 14 ist entsprechend anzuwenden.

§ 44 Rechtsausübung im Notstand

Im Notstand (§ 904 BGB) entfällt die Verpflichtung zur Anzeige und zur Sicherheitsleistung.

ACHTER ABSCHNITT: Dachtraufe

§ 45 Traufwasser

(1) Der Eigentümer eines Grundstücks und die Nutzungsberechtigten müssen ihre baulichen Anlagen so einrichten, daß Traufwasser nicht auf das Nachbargrundstück tropft oder auf andere Weise dorthin gelangt.

(2) Absatz 1 findet keine Anwendung auf bei Inkrafttreten dieses Gesetzes vorhandene freistehende Mauern entlang öffentlichen Straßen und öffentlichen Grünflächen.

§ 46 Anbringen von Sammel- und Abflußeinrichtungen

(1) Ist ein Grundstückseigentümer aus besonderem Rechtsgrund verpflichtet, Traufwasser aufzunehmen, das von den baulichen Anlagen eines Nachbargrundstücks tropft oder in anderer Weise auf das eigene Grundstück gelangt, so kann er auf seine Kosten besondere Sammel- und Abflußeinrichtungen auf dem Nachbargrundstück anbringen, wenn damit keine erhebliche Beeinträchtigung verbunden ist. Er hat diese Einrichtungen zu unterhalten.

(2) Für Anzeigepflicht und Schadenersatz gelten die §§ 14, 42 und 44 entsprechend.

NEUNTER ABSCHNITT: Hammerschlags- und Leiterrecht

§ 47 Inhalt und Umfang

(1) Der Eigentümer eines Grundstücks und die Nutzungsberechtigten müssen dulden, daß das Grundstück zur Vorbereitung und Durchführung von Bau- oder Instandsetzungsarbeiten auf dem Nachbargrundstück vorübergehend betreten und benutzt wird, wenn die Arbeiten anders nicht zweckmäßig oder nur mit unverhältnismäßig hohen Kosten ausgeführt werden können. Diese Pflicht besteht gegenüber jedem, der nach eigenem Ermessen, insbesondere als Bauherr auf dem Nachbargrundstück solche Arbeiten ausführen läßt oder selbst ausführt. Die Pflicht besteht nicht, wenn dem Verpflichteten unverhältnismäßig große Nachteile entstehen würden.

(2) Das Recht ist so schonend wie möglich auszuüben; es darf nicht zur Unzeit geltend gemacht werden, wenn sich die Arbeiten unschwer auf später verlegen lassen.

(3) Auf die Eigentümer öffentlicher Straßen sind die Absätze 1 und 2 nicht anzuwenden; für sie gilt das öffentliche Straßenrecht.

(4) Für Anzeigepflicht und Schadenersatz gelten die §§ 14, 42 und 44 entsprechend.

§ 48 Nutzungsentschädigung

(1) Wer ein Grundstück länger als zehn Tage gemäß § 47 benutzt, hat für die ganze Zeit der Benutzung eine Nutzungsentschädigung zu zahlen; diese ist so hoch wie die ortsübliche Miete für einen dem benutzten Grundstücksteil vergleichbaren gewerblichen Lagerplatz.

(2) Nutzungsentschädigung kann nicht verlangt werden, soweit nach § 47 Abs. 4 in Verbindung mit § 14 Ersatz für entgangene anderweitige Nutzung geleistet wird.

ZEHNTER ABSCHNITT: Höherführen von Schornsteinen

§ 49

(1) Der Eigentümer eines Gebäudes und die Nutzungsberechtigten müssen dulden, daß der Nachbar an dem Gebäude Schornsteine und Lüftungsschächte eines angrenzenden niederen Gebäudes befestigt, wenn

1. deren Höhenführung erforderlich ist und anders nur mit erheblichen technischen Nachteilen oder mit unverhältnismäßig hohen Kosten möglich wäre und
2. das betroffene Grundstück nicht erheblich beeinträchtigt wird.

(2) Der Eigentümer und die Nutzungsberechtigten haben ferner zu dulden, daß höher geführte Schornsteine und Entlüftungsschächte vom betroffenen Grundstück aus unterhalten und gereinigt und die hierzu erforderlichen Einrichtungen auf dem betroffenen Grundstück angebracht werden, wenn diese Maßnahmen anders nicht zweckmäßig oder nur mit unverhältnismäßig hohen Kosten getroffen werden können. Das Durchgehen

durch das betroffene Gebäude braucht nicht geduldet zu werden, wenn der Berechtigte außen eine Steigleiter anbringen kann.

(3) Für Anzeigepflicht und Schadenersatz gelten die §§ 14, 42 und 44 entsprechend.

ELFTER ABSCHNITT: Grenzabstände für Pflanzen, ausgenommen Waldungen

§ 50 Grenzabstände für Bäume und Sträucher

(1) Mit Bäumen und Sträuchern sind je nach ihrer Höhe mindestens folgende Abstände von den Nachbargrundstücken einzuhalten:

a) bis zu 1,2 m Höhe 0,25 m

b) bis zu 2 m Höhe 0,50 m

c) bis zu 3 m Höhe 0,75 m

d) bis zu 5 m Höhe 1,25 m

e) bis zu 15 m Höhe 3,00 m

f) über 15 m Höhe 8,00 m.

(2) Die in Absatz 1 bestimmten Abstände gelten auch für lebende Hecken, falls die Hecke nicht gemäß § 30 auf die Grenze gepflanzt wird. Sie gelten auch für ohne menschliches Zutun gewachsene Pflanzen.

(3) Im Falle des § 31 ist der Zustand so zu bemessen, daß vor den Pflanzen ein Streifen von 0,6 m freibleibt.

(4) Die Absätze 1 bis 3 gelten auch für die Nutzungsberechtigten von Teilflächen eines Grundstücks in ihrem Verhältnis zueinander.

§ 51 Bestimmung des Abstandes

Der Abstand wird am Erdboden von der Mitte des Baumes oder des Strauches bis zur Grenze gemessen.

§ 52 Ausnahmen

(1) § 50 gilt nicht für

1. Anpflanzungen hinter einer Wand oder einer undurchsichtigen Einfriedung, wenn sie diese nicht überragen,
2. Anpflanzungen an den Grenzen zu öffentlichen Straßen und zu Gewässern,
3. Anpflanzungen auf öffentlichen Straßen und auf Uferböschungen.

(2) Im Außenbereich (§ 19 Abs. 1 Nr. 3 des Baugesetzbuchs) genügt ein Grenzabstand von 1,25 m für alle Anpflanzungen über 3 m Höhe.

§ 53 Anspruch auf Beseitigen oder Zurückschneiden

(1) Bäume, Sträucher oder Hecken mit weniger als 0,25 m Grenzabstand sind auf Verlangen des Nachbarn zu beseitigen. Der Nachbar kann dem Eigentümer die Wahl lassen, die Anpflanzungen zu beseitigen oder durch Zurückschneiden auf einer Höhe bis zu 1,2 m zu halten.

(2) Bäume, Sträucher oder Hecken, welche über die im § 50 oder § 52 zugelassenen Höhen hinauswachsen, sind auf Verlangen des Nachbarn auf die zulässige Höhe zurückzuschneiden, wenn der Eigentümer sie nicht beseitigen will.

(3) Der Eigentümer braucht die Verpflichtung zur Beseitigung oder zum Zurückschneiden von Pflanzen nur in der Zeit vom 1. Oktober bis zum 15. März zu erfüllen.

§ 54 Ausschluß des Anspruches auf Beseitigen oder Zurückschneiden

(1) Der Anspruch auf Beseitigung von Anpflanzungen mit weniger als 0,25 m Grenzabstand (§ 53 Abs. 1 Satz 1) ist ausgeschlossen, wenn der Nachbar nicht spätestens im fünften auf die Anpflanzung folgenden Kalenderjahr Klage auf Beseitigung erhebt. Diese Anpflanzungen müssen jedoch, wenn sie über 1,2 m Höhe hinauswachsen, auf Verlangen des Nachbarn zurückgeschnitten werden.

(2) Der Anspruch auf Zurückschneiden von Anpflanzungen (Absatz 1 Satz 2 und § 53 Abs. 2) ist ausgeschlossen, wenn die Anpflanzungen über die nach diesem Gesetz zulässige Höhe hinauswachsen und der Nachbar nicht spätestens im fünften darauffolgenden Kalenderjahr Klage auf Zurückschneiden erhebt.

§ 55 Bei Inkrafttreten des Gesetzes vorhandene Pflanzen – Außenbereich

(1) Für Anpflanzungen, die bei Inkrafttreten dieses Gesetzes vorhanden sind und deren Grenzabstand dem bisherigen Recht entspricht, gelten folgende besondere Regeln:

1. Der Anspruch auf Beseitigung (§ 53 Abs. 1 Satz 1) ist ausgeschlossen.
2. Der Anspruch auf Zurückschneiden (§ 53 Abs. 2) ist ausgeschlossen, wenn die Anpflanzung bei Inkrafttreten des Gesetzes über 3 m hoch ist.
3. Anpflanzungen, die bei Inkrafttreten des Gesetzes nicht über 3 m hoch sind, jedoch über die nach § 50 Abs. 1 Buchst. a und b zulässigen Höhen von 1,2 m oder 2 m hinausgewachsen waren, sind auf Verlangen des Nachbarn durch Zurückschneiden auf derjenigen Höhe zu halten, die sie bei Inkrafttreten des Gesetzes hatten; der weitergehende Anspruch auf Zurückschneiden ist ausgeschlossen. § 54 Abs. 2 ist entsprechend anzuwenden.

(2) Absatz 1 gilt entsprechend für Anpflanzungen, deren Standort infolge Veränderung des Außenbereichs (§ 19 Abs. 1 Nr. 3 des Baugesetzbuchs) aufhört, zum Außenbereich zu gehören.

(3) Entspricht der Grenzabstand von Anpflanzungen, die bei Inkrafttreten des Gesetzes vorhanden sind, nicht dem bisherigen Recht, so enden die in § 54 bestimmten Fristen frühestens zwei Jahre nach Inkrafttreten dieses Gesetzes.

§ 56 Ersatzanpflanzungen

Bei Ersatzanpflanzungen sind die in den §§ 50 und 52 Abs. 2 vorgeschriebenen Abstände einzuhalten; jedoch dürfen in geschlossenen Anlagen einzelne Bäume oder Sträucher nachgepflanzt werden und zur Höhe der übrigen heranwachsen.

§ 57 Nachträgliche Grenzänderungen

Die Rechtmäßigkeit des Abstandes und der Höhe einer Anpflanzung wird durch nachträgliche Grenzänderungen nicht berührt; jedoch gilt § 56 entsprechend.

ZWÖLFTER ABSCHNITT: Grenzabstände für Waldungen

§ 58 Grenzabstände

(1) In Waldungen sind von den Nachbargrundstücken mit Ausnahme von Ödland, öffentlichen Straßen, öffentlichen Gewässern und anderen Waldungen folgende Abstände einzuhalten:

mit Gehölzen bis zu 2 m Höhe 1 m

mit Gehölzen bis zu 4 m Höhe 2 m

mit Gehölzen über 4 m Höhe 8 m.

(2) Werden Waldungen verjüngt, die bei Inkrafttreten dieses Gesetzes vorhanden sind, so genügt für die neuen Gehölze über 4 m Höhe der bisherige Grenzabstand derartiger Gehölze, jedoch ist mit ihnen mindestens 4 m Grenzabstand einzuhalten.

(3) Die §§ 56 und 57 sind entsprechend anzuwenden.

§ 59 Beseitigungsanspruch

(1) Gehölze, die entgegen § 58 nicht den Mindestgrenzabstand von 1 m haben oder über die zulässige Höhe hinauswachsen, sind auf Verlangen des Nachbarn zu beseitigen.

(2) Der Anspruch auf Beseitigung ist ausgeschlossen,

1. wenn die Gehölze bei Inkrafttreten dieses Gesetzes rechtmäßig vorhanden waren oder
2. wenn nach Inkrafttreten dieses Gesetzes gepflanzte Gehölze über die zulässige Höhe hinauswachsen und der Nachbar nicht spätestens in dem fünften darauffolgenden Kalenderjahr Klage auf Beseitigung erhebt.

§ 60 Bewirtschaftung von Wald

Bei der Bewirtschaftung von Wald hat der Waldbesitzer auf die Bewirtschaftung benachbarter Waldgrundstücke Rücksicht zu nehmen, soweit dies im Rahmen ordnungsmäßiger Forstwirtschaft ohne unbillige Härten möglich ist.

DREIZEHNTER ABSCHNITT: Grenzabstände für Gebäude im Außenbereich

§ 61 Größe des Abstandes

(1) Bei Errichtung oder Erhöhung eines Gebäudes im Außenbereich (§ 19 Abs. 1 Nr. 3 des Baugesetzbuchs) ist von landwirtschaftlich oder erwerbsgärtnerisch genutzten Grundstücken ein Abstand von mindestens 2 m einzuhalten. Ist das Gebäude höher als 4 m, so muß der Grenzabstand eines jeden Bauteiles mindestens halb so groß sein wie seine Höhe über dem Punkt der Grenzlinie, der diesem Bauteil am nächsten liegt.

(2) Teile des Bauwerks, die in den hiernach freizulassenden Luftraum hineinragen, sind nur mit Einwilligung des Nachbarn erlaubt; die Einwilligung muß erteilt werden, wenn keine oder nur geringfügige Beeinträchtigungen zu erwarten sind.

§ 62 Ausschluß des Beseitigungsanspruches

Der Anspruch auf Beseitigung eines Gebäudes, das einen geringeren als den in § 61 vorgeschriebenen Grenzabstand hat, ist ausgeschlossen,

1. wenn das Gebäude bei Inkrafttreten dieses Gesetzes vorhanden ist und sein Grenzabstand dem bisherigen Recht entspricht,
2. wenn der Nachbar nicht spätestens im zweiten Kalenderjahr nach der Errichtung oder Erhöhung des Gebäudes Klage auf Beseitigung erhoben hat; die Frist endet frühestens zwei Jahre nach Inkrafttreten dieses Gesetzes.

VIERZEHNTER ABSCHNITT: Schlußbestimmungen

§ 63 Übergangsvorschriften

(1) Der Umfang von Befugnissen, die bei Inkrafttreten dieses Gesetzes auf Grund des bisherigen Rechtes bestehen, richtet sich – unbeschadet der §§ 25, 33, 40, 55, 59 und 62 – nach den Vorschriften dieses Gesetzes.

(2) Einzelvereinbarungen der Beteiligten werden durch dieses Gesetz nicht berührt. Die nachbarrechtlichen Bestimmungen in Rezessen und Flurbereinigungsplänen treten außer Kraft, soweit sie diesem Gesetz widersprechen.

(3) Ansprüche auf Zahlung auf Grund der Vorschriften dieses Gesetzes bestehen nur, wenn das den Anspruch begründete Ereignis nach Inkrafttreten dieses Gesetzes eingetreten ist; andernfalls behält es bei dem bisherigen Recht sein Bewenden.

(4) Geht die Verpflichtung, eine Einfriedung zu unterhalten, mit dem Inkrafttreten dieses Gesetzes von dem einen Nachbarn auf den anderen über, so ist die Einfriedung von dem bisher unterhaltspflichtigen Nachbarn innerhalb von zwei Jahren in ordnungsmäßigen Zustand zu versetzen. Der bisher Verpflichtete kann sich auf den Übergang der Unterhaltspflicht erst berufen, wenn er seiner Pflicht nach Satz 1 genügt hat.

§ 64 Änderung des Niedersächsischen Wassergesetzes[1)]

§ 65 Außerkrafttreten älteren Rechtes[2)]

§ 66 Inkrafttreten des Gesetzes

Dieses Gesetz tritt am 1. Januar 1968 in Kraft.[3)]

---

1) § 64 überholt (Änderungsvorschrift)
2) § 65 überholt (Aufhebungsvorschrift)
3) Die letzte Änderung trat am 4. Oktober 1989 in Kraft

Bürgerliches Gesetzbuch (BGB)

Vom 18. August 1896 (RGBl. S. 195), zuletzt geändert durch Gesetz vom 17. Juli 1996 (BGBl. I S. 990)
– BGBl. III 400-2 – Auszug

DRITTER ABSCHNITT: Eigentum

ERSTER TITEL: Inhalt des Eigentums

§ 903 Befugnisse des Eigentümers

Der Eigentümer einer Sache kann, soweit nicht das Gesetz oder Rechte Dritter entgegenstehen, mit der Sache nach Belieben verfahren und andere von jeder Einwirkung ausschließen. Der Eigentümer eines Tieres hat bei der Ausübung seiner Befugnisse die besonderen Vorschriften zum Schutz der Tiere zu beachten.

§ 904 Notstand

Der Eigentümer einer Sache ist nicht berechtigt, die Einwirkung eines anderen auf die Sache zu verbieten, wenn die Einwirkung eines anderen auf die zur Abwendung einer gegenwärtigen Gefahr notwendig und der drohende Schaden gegenüber dem aus der Einwirkung dem Eigentümer entstehenden Schaden unverhältnismäßig groß ist. Der Eigentümer kann Ersatz des ihm entstehenden Schadens verlangen.

§ 905 Begrenzung des Eigentums

Das Recht des Eigentümers eines Grundstücks erstreckt sich auf den Raum über der Oberfläche und auf den Erdkörper unter der Oberfläche. Der Eigentümer kann jedoch Einwirkungen nicht verbieten, die in solcher Höhe oder Tiefe vorgenommen werden, daß er an der Ausschließung kein Interesse hat.

§ 906 Zuführung unwägbarer Stoffe

(1) Der Eigentümer eines Grundstücks kann die Zuführung von Gasen, Dämpfen, Gerüchen, Rauch, Ruß, Wärme, Geräusche, Erschütterungen und ähnliche von einem anderen Grundstück ausgehende Einwirkungen

insoweit nicht verbieten, als die Einwirkung die Benutzung seines Grundstücks nicht oder nur unwesentlich beeinträchtigt. Eine unwesentliche Beeinträchtigung liegt in der Regel vor, wenn die in Gesetzen oder Rechtsverordnungen festgelegten Grenz- oder Richtwerte von den nach diesen Vorschriften ermittelten und bewerteten Einwirkungen nicht überschritten werden. Gleiches gilt für Werte in allgemeinen Verwaltungsvorschriften, die nach § 48 des Bundes-Immissionsschutzgesetzes erlassen worden sind und den Stand der Technik wiedergeben.

(2) Das gleiche gilt insoweit, als eine wesentliche Beeinträchtigung durch eine ortsübliche Benutzung des anderen Grundstücks herbeigeführt wird und nicht durch Maßnahmen verhindert werden kann, die Benutzern dieser Art wirtschaftlich zumutbar sind. Hat der Eigentümer hiernach eine Einwirkung zu dulden, so kann er von dem Benutzer des anderen Grundstücks einen angemessenen Ausgleich in Geld verlangen, wenn die Einwirkung eine ortsübliche Benutzung seines Grundstücks oder dessen Ertrag über das zumutbare Maß hinaus beeinträchtigt.

(3) Die Zuführung durch eine besondere Leitung ist unzulässig.

§ 907 Gefahrdrohende Anlagen

(1) Der Eigentümer eines Grundstücks kann verlangen, daß auf den Nachbargrundstücken nicht Anlagen hergestellt oder gehalten werden, von denen mit Sicherheit vorauszusehen ist, daß ihr Bestand oder ihre Benutzung eine unzulässige Einwirkung auf sein Grundstück zur Folge hat. Genügt eine Anlage den landesgesetzlichen Vorschriften, die einen bestimmten Abstand von der Grenze oder sonstige Schutzmaßregeln vorschreiben, so kann die Beseitigung der Anlage erst verlangt werden, wenn die unzulässige Einwirkung tatsächlich hervortritt.

(2) Bäume und Sträucher gehören nicht zu den Anlagen im Sinne dieser Vorschriften.

§ 908 Drohender Gebäudeeinsturz

Droht einem Grundstück die Gefahr, daß es durch den Einsturz eines Gebäudes oder eines anderen Werkes, das mit einem Nachbargrundstück verbunden ist, oder durch die Ablösung von Teilen des Gebäudes oder des Werkes beschädigt wird, so kann der Eigentümer von dem jenigen, welcher nach dem § 836 Abs. 1 oder den §§ 837, 838 für den eintretenden

Schaden verantwortlich sein würde, verlangen, daß er die zur Abwendung der Gefahr erforderliche Vorkehrung trifft.

§ 909 Vertiefung des Grundstücks

Ein Grundstück darf nicht in der Weise vertieft werden, daß der Boden des Nachbargrundstücks die erforderliche Stütze verliert, es sei denn, daß für eine genügende anderweitige Befestigung gesorgt ist.

§ 910 Überwuchs und Überhang

(1) Der Eigentümer eines Grundstücks kann Wurzeln eines Baumes oder eines Strauches, die von einem Nachbargrundstück eingedrungen sind, abschneiden und behalten. Das gleiche gilt von herüberragenden Zweigen, wenn der Eigentümer dem Besitzer des Nachbargrundstücks eine angemessene Frist zur Beseitigung bestimmt hat und die Beseitigung nicht innerhalb der Frist erfolgt.

(2) Dem Eigentümer steht dieses Recht nicht zu, wenn die Wurzeln oder die Zweige die Benutzung des Grundstücks nicht beeinträchtigen.

§ 911 Hinüberfall

Früchte, die von einem Baume oder einem Strauche auf ein Nachbargrundstück hinüberfallen, gelten als Früchte dieses Grundstücks. Diese Vorschrift findet keine Anwendung, wenn das Nachbargrundstück dem öffentlichen Gebrauche dient.

§ 912 Überbau

(1) Hat der Eigentümer eines Grundstücks bei der Errichtung eines Gebäudes über die Grenze gebaut, ohne daß ihm Vorsatz oder grobe Fahrlässigkeit zur Last fällt, so hat der Nachbar den Überbau zu dulden, es sei denn, daß er vor oder sofort nach der Grenzüberschreitung Widerspruch erhoben hat.

(2) Der Nachbar ist durch eine Geldrente zu entschädigen. Für die Höhe der Rente ist die Zeit der Grenzüberschreitung maßgebend.

§ 913 Zahlung der Überbaurente

(1) Die Rente für den Überbau ist dem jeweiligen Eigentümer des Nachbargrundstücks von dem jeweiligen Eigentümer des anderen Grundstücks zu entrichten.

(2) Die Rente ist jährlich im voraus zu entrichten.

§ 914 Rang, Eintragbarkeit und Erlöschen der Rente

(1) Das Recht auf die Rente geht allen Rechten an dem belasteten Grundstück, auch den älteren, vor. Es erlischt mit der Beseitung des Überbaus.

(2) Das Recht wird nicht in das Grundbuch eingetragen. Zum Verzicht auf das Recht sowie zur Feststellung der Höhe der Rente durch Vertrag ist die Eintragung erforderlich.

(3) Im übrigen finden die Vorschriften Anwendung, die für eine zugunsten des jeweiligen Eigentümers eines Grundstücks bestehende Reallast gelten.

§ 915 Abkauf

(1) Der Rentenberechtigte kann jederzeit verlangen, daß der Rentenpflichtige ihm gegen Übertragung des Eigentums an dem überbauten Teile des Grundstücks den Wert ersetzt, den dieser Teil zur Zeit der Grenzüberschreitung gehabt hat. Macht er von dieser Befugnis Gebrauch, so bestimmen sich die Rechte und Verpflichtungen beider Teile nach den Vorschriften über den Kauf.

(2) Für die Zeit bis zur Übertragung des Eigentums ist die Rente fortzuentrichten.

§ 916 Beeinträchtigung von Erbbaurecht oder Dienstbarkeit

Wird durch den Überbau ein Erbbaurecht oder eine Dienstbarkeit an dem Nachbargrundstück beeinträchtigt, so finden zugunsten des Berechtigten die Vorschriften der §§ 912 bis 914 entsprechende Anwendung.

§ 917 Notweg

(1) Fehlt einem Grundstücke die zur ordnungsmäßigen Benutzung notwendige Verbindung mit einem öffentlichen Wege, so kann der Eigentümer von den Nachbarn verlangen, daß sie bis zur Hebung des Mangels die Benutzung ihrer Grundstücke zur Herstellung der erforderlichen Verbindung dulden. Die Richtung des Notwegs und der Umfang des Benutzungsrechts werden erforderlichen Falles durch Urteil bestimmt.

(2) Die Nachbarn, über deren Grundstücke der Notweg führt, sind durch eine Geldrente zu entschädigen. Die Vorschriften des § 912 Abs. 2 Satz 2 und der §§ 913, 914, 916 finden entsprechende Anwendung.

§ 918 Ausschluß des Notwegrechts

(1) Die Verpflichtung zur Duldung des Notwegs tritt nicht ein, wenn die bisherige Verbindung des Grundstücks mit dem öffentlichen Wege durch eine willkürliche Handlung des Eigentümers aufgehoben wird.

(2) Wird infolge der Veräußerung eines Teiles des Grundstücks der veräußerte oder der zurückbehaltene Teil von der Verbindung mit dem öffentlichen Wege abgeschnitten, so hat der Eigentümer desjenigen Teiles, über welchen die Verbindung bisher stattgefunden hat, den Notweg zu dulden. Der Veräußerung eines Teiles steht die Veräußerung eines von mehreren demselben Eigentümer gehörenden Grundstücken gleich.

§ 919 Grenzabmarkung

(1) Der Eigentümer eines Grundstücks kann von dem Eigentümer eines Nachbargrundstücks verlangen, daß dieser zur Errichtung fester Grenzzeichen und, wenn ein Grenzzeichen verrückt oder unkenntlich geworden ist, zur Wiederherstellung mitwirkt.

(2) Die Art der Abmarkung und das Verfahren bestimmen sich nach den Landesgesetzen; enthalten diese keine Vorschriften, so entscheidet die Ortsüblichkeit.

(3) Die Kosten der Abmarkung sind von den Beteiligten zu gleichen Teilen zu tragen, sofern nicht aus einem zwischen ihnen bestehenden Rechtsverhältnisse sich ein anderes ergibt.

§ 920 Grenzverwirrung

(1) Läßt sich im Falle einer Grenzverwirrung die richtige Grenze nicht ermitteln, so ist für die Abgrenzung der Besitzstand maßgebend. Kann der Besitzstand nicht festgestellt werden, so ist jedem der Grundstücke ein gleich großes Stück der streitigen Fläche zuzuteilen.

(2) Soweit eine diesen Vorschriften entsprechende Bestimmung der Grenze zu einem Ergebnisse führt, das mit den ermittelten Umständen, insbesondere mit der feststehenden Größe der Grundstücke, nicht übereinstimmt, ist die Grenze so zu ziehen, wie es unter Berücksichtigung dieser Umstände der Billigkeit entspricht.

§ 921 Gemeinschaftliche Benutzung von Grenzanlagen

Werden zwei Grundstücke durch einen Zwischenraum, Rain, Winkel, einen Graben, eine Mauer, Hecke, Planke oder eine andere Einrichtung, die zum Vorteile beider Grundstücke dient, voneinander geschieden, so wird vermutet, daß die Eigentümer der Grundstücke zur Benutzung der Einrichtung gemeinschaftlich berechtigt seien, sofern nicht äußere Merkmale darauf hinweisen, daß die Einrichtung einem der Nachbarn allein gehört.

§ 922 Art der Benutzung und Unterhaltung

Sind die Nachbarn zur Benutzung einer der im § 921 bezeichneten Einrichtungen gemeinschaftlich berechtigt, so kann jeder sie zu dem Zwecke, der sich aus ihrer Beschaffenheit ergibt, insoweit benutzen, als nicht die Mitbenutzung des anderen beeinträchtigt wird. Die Unterhaltungskosten sind von den Nachbarn zu gleichen Teilen zu tragen. Solange einer der Nachbarn an dem Fortbestand der Einrichtung ein Interesse hat, darf sie nicht ohne seine Zustimmung beseitigt oder geändert werden. Im übrigen bestimmt sich das Rechtsverhältnis zwischen den Nachbarn nach den Vorschriften über die Gemeinschaft.

§ 923 Grenzbaum

(1) Steht auf der Grenze ein Baum, so gebühren die Früchte, und wenn der Baum gefällt wird, auch der Baum den Nachbarn zu gleichen Teilen.

(2) Jeder der Nachbarn kann die Beseitigung des Baumes verlangen. Die Kosten der Beseitigung fallen den Nachbarn zu gleichen Teilen zur Last. Der Nachbar, der die Beseitigung verlangt, hat jedoch die Kosten allein zu tragen, wenn der andere auf sein Recht an dem Baume verzichtet; er erwirbt in diesem Falle mit der Trennung das Alleineigentum. Der Anspruch auf die Beseitigung ist ausgeschlossen, wenn der Baum als Grenzzeichen dient und Umständen nach nicht durch ein anderes zweckmäßiges Grenzzeichen ersetzt werden kann.

(3) Diese Vorschriften gelten auch für einen auf der Grenze stehenden Strauch.

§ 924 Unverjährbarkeit

Die Ansprüche, die sich aus den §§ 907 bis 909, 915, dem § 917 Abs. 1, dem § 918 Abs. 2, den §§ 919, 920 und dem § 923 Abs. 2 ergeben, unterliegen nicht der Verjährung.

Niedersächsisches Straßengesetz (NStrG)

in der Fassung vom 24. September 1980 (Nieders. GVBl. S. 359), zuletzt geändert durch Art. 8 des Gesetzes zur Verbesserung der kommunalen Handlungsfähigkeit vom 28. Mai 1996 (Nieders. GVBl. S. 242) – Auszug

§ 18 Sondernutzung

(1) Die Benutzung der Straße über den Gemeingebrauch hinaus ist Sondernutzung. Sie bedarf der Erlaubnis des Trägers der Straßenbaulast, in Ortsdurchfahrten der Erlaubnis der Gemeinde. Soweit die Gemeinde nicht Träger der Straßenbaulast ist, darf sie die Erlaubnis nur mit dessen Zustimmung erteilen. Die Gemeinde kann durch Satzung bestimmte Sondernutzungen in den Ortsdurchfahrten und in Gemeindestraßen von der Erlaubnis befreien und die Ausübung regeln. Soweit die Gemeinde nicht Träger der Straßenbaulast ist, bedarf die Satzung der Zustimmung des Trägers der Straßenbaulast.

(2) Die Erlaubnis darf nur auf Zeit oder Widerruf erteilt werden. Sie kann mit Bedingungen und Auflagen verbunden werden. Soweit die Gemeinde nicht Träger der Straßenbaulast ist, hat sie eine widerruflich erteilte

Erlaubnis zu widerrufen, wenn der Träger der Straßenbaulast dies aus Gründen des Straßenbaues oder der Sicherheit oder Leichtigkeit des Verkehrs verlangt.

(3) Der Erlaubnisnehmer hat bei Widerruf der Erlaubnis oder bei Sperrung, Änderung oder Einziehung der Straße keinen Ersatzanspruch gegen den Träger der Straßenbaulast.

(4) Der Erlaubnisnehmer hat Anlagen so zu entrichten und zu unterhalten, daß sie den Anforderungen der Sicherheit und Ordnung sowie den anerkannten Regeln der Technik genügen. Arbeiten an der Straße bedürfen der Zustimmung des Trägers der Straßenbaulast. Der Erlaubnisnehmer hat auf Verlangen der für die Erlaubnis zuständigen Behörde die Anlagen auf seine Kosten zu ändern und alle Kosten zu ersetzen, die dem Träger der Straßenbaulast durch die Sondernutzung entstehen. Hierfür kann der Träger der Straßenbaulast angemessene Vorschüsse und Sicherheiten verlangen.

(5) Sonstige nach öffentlichem Recht erforderliche Genehmigungen, Erlaubnisse oder Bewilligungen werden durch die Sondernutzungserlaubnis nicht ersetzt.

§ 20 Straßenanlieger

(1) Eine Zufahrt ist die für die Benutzung mit Fahrzeugen bestimmte Verbindung von Grundstücken oder von nichtöffentlichen Wegen mit einer Straße.

(2) Zufahrten und Zugänge zu Landes- und Kreisstraßen außerhalb der Ortsdurchfahrten gelten als Sondernutzung im Sinne des § 18, wenn sie neu angelegt oder geändert werden. Eine Änderung liegt auch vor, wenn eine Zufahrt gegenüber dem bisherigen Zustand einem erheblich größeren oder einem andersartigen Verkehr als bisher dienen soll.

(3) Einer Erlaubnis nach § 18 Abs. 1 bedarf es nicht für die Anlage neuer oder die Änderung bestehender Zufahrten oder Zugänge

1. im Zusammenhang mit der Errichtung oder erheblichen Änderung baulicher Anlagen, wenn die Straßenbaubehörde nach § 24 Abs. 2 zustimmt oder nach § 24 Abs. 7 eine Ausnahme zugelassen hat.
2. in einem Flurbereinigungsverfahren auf Grund des Planes über gemeinschaftliche und öffentliche Anlagen.

(4) Für die Unterhaltung der Zufahrten und Zugänge, die nicht auf einer Erlaubnis nach § 18 Abs. 1 beruhen, gelten § 18 Abs. 4 Satz 1 und 2 sowie § 22 sinngemäß.

(5) Werden auf Dauer Zufahrten oder Zugänge durch die Änderung oder die Einziehung von Straßen unterbrochen oder wird ihre Benutzung erheblich erschwert, so hat der Träger der Straßenbaulast einen angemessenen Ersatz zu schaffen oder, soweit dies nicht zumutbar ist, eine angemessene Entschädigung in Geld zu leisten. Mehrere Anliegergrundstücke können durch eine gemeinsame Zufahrt angeschlossen werden, deren Unterhaltung nach Absatz 5 den Anliegern gemeinsam obliegt. Die Verpflichtung nach Satz 1 entsteht nicht, wenn die Grundstücke eine anderweitige ausreichende Verbindung zu dem öffentlichen Straßennetz besitzen oder wenn die Zufahrten oder Zugänge auf einer widerruflichen Erlaubnis beruhen.

(6) Werden für längere Zeit Zufahrten oder Zugänge durch Straßenarbeiten unterbrochen oder wird ihre Benutzung erheblich erschwert, ohne daß von Behelfsmaßnahmen eine wesentliche Entlastung ausgeht, und wird dadurch die wirtschaftliche Existenz eines anliegenden Betriebes gefährdet, so kann dessen Inhaber eine Entschädigung in der Höhe des Betrages beanspruchen, der erforderlich ist, um das Fortbestehen des Betriebes bei Anspannung der eigenen Kräfte und unter Berücksichtigung der gegebenen Anpassungsmöglichkeiten zu sichern. Der Anspruch richtet sich gegen den, zu dessen Gunsten die Arbeiten im Straßenbereich erfolgen. Absatz 5 Satz 3 gilt sinngemäß.

(7) Soweit es die Sicherheit oder Leichtigkeit des Verkehrs erfordert, kann die Straßenbaubehörde nach Anhörung der Betroffenen anordnen, daß Zufahrten oder Zugänge geändert oder verlegt oder, wenn das Grundstück eine anderweitige ausreichende Verbindung zu dem öffentlichen Straßennetz besitzt, geschlossen werden. Absatz 5 gilt sinngemäß. Die Befugnis zum Widerruf einer Erlaubnis für Zufahrten nach § 18 Abs. 2 bleibt unberührt.

(8) Wird durch den Bau oder die Änderung einer Straße der Zutritt von Licht oder Luft zu einem Grundstück auf Dauer entzogen oder erheblich beeinträchtigt, so hat der Träger der Straßenbaulast für dadurch entstehende Vermögensnachteile eine angemessene Entschädigung in Geld zu gewähren.

(9) Hat der Entschädigungsberechtigte die Entstehung des Vermögensnachteils mit verursacht, so gilt § 254 des Bürgerlichen Gesetzbuches sinngemäß.

§ 21 Sondernutzungsgebühren

Für Sondernutzungen können Sondernutzungsgebühren erhoben werden. Sie stehen in Ortsdurchfahrten den Gemeinden, im übrigen dem Träger der Straßenbaulast zu. Der für den Straßenbau zuständige Minister wird ermächtigt, im Einvernehmen mit dem Minister der Finanzen durch Gebührenordnung die Erhebung von Sondernutzungsgebühren zu regeln, soweit sie dem Land als Träger der Straßenbaulast zustehen. Die Landkreise und Gemeinden können die Gebühren durch Satzung regeln, soweit ihnen die Sondernutzungsgebühren zustehen. Bei Bemessung der Gebühren sind Art und Außmaß der Einwirkung auf die Straße und den Gemeingebrauch zu berücksichtigen. Das wirtschaftliche Interesse des Gebührenschuldners kann berücksichtigt werden.

§ 24 Bauliche Anlagen an Straßen

(1) Außerhalb der Ortsdurchfahrt dürfen längs der Landes- oder Kreisstraßen

1. Hochbauten jeder Art in einer Entfernung bis zu 20 m, gemessen vom äußeren Rand der für den Kraftfahrzeugverkehr bestimmten Fahrbahn,
2. bauliche Anlagen im Sinne dr Niedersächsischen Bauordnung, die über Zufahrten unmittelbar oder mittelbar angeschlossen werden sollen,

nicht errichtet werden. Satz 1 Nr. 1 gilt entsprechend für Aufschüttungen oder Abgrabungen größeren Umfangs sowie für Werbeanlagen. Weitergehende bundes- oder landesrechtliche Vorschriften bleiben unberührt.

(2) Im übrigen bedürfen Baugenehmigungen oder nach anderen Vorschriften notwendige Genehmigungen der Zustimmung der Straßenbaubehörde, wenn

1. bauliche Anlagen im Sinne der Niedersächsischen Bauordnung längs der Landes- oder Kreisstraßen in einer Entfernung bis zu 40 m gemessen vom äußeren Rand der für den Kraftfahrzeugverkehr

bestimmten Fahrbahn, errichtet oder erheblich geändert werden sollen,

2. bauliche Anlagen im Sinne der Niedersächsischen Bauordnung auf Grundstücken, die außerhalb der Ortsdurchfahrt über Zufahrten an Landes- oder Kreisstraßen unmittelbar oder mittelbar angeschlossen sind, erheblich geändert oder anders genutzt werden sollen.

Für Werbeanlagen bedarf es der Zustimmung nach Satz 1 Nr. 1 nur außerhalb der Ortsdurchfahrt. Die Zustimmungsbedürftigkeit nach den Sätzen 1 und 2 gilt entsprechend für bauliche Anlagen im Sinne der Niedersächsischen Bauordnung, die anzeigepflichtig sind. Weitergehende bundes- oder landesrechtliche Vorschriften bleiben unberührt.

(3) Die Zustimmung nach Absatz 2 darf nur versagt oder mit Bedingungen und Auflagen erteilt werden, soweit dies wegen der Sicherheit oder Leichtigkeit des Verkehrs, der Ausbauabsichten oder der Straßenbaugestaltung nötig ist.

(4) Bei geplanten Straßen gelten die Beschränkungen des Absätze 1 und 2 vom Beginn der Auslegung der Pläne im Planfeststellungsverfahren oder von dem Zeitpunkt an, zu dem den Betroffenen Gelegenheit gegeben wird, den Plan einzusehen.

(5) Bedürfen die baulichen Anlagen im Sinne des Absatzes 2 keiner Bauanzeige, Baugenehmigung oder Genehmigung nach anderen Vorschriften, so tritt an die Stelle der Zustimmung die Genehmigung der Straßenbaubehörde.

(6) Die Absätze 1 bis 5 gelten nicht, wenn das Bauvorhaben den Festsetzungen eines Bebauungsplans im Sinne des Baugesetzbuchs entspricht, der mindestens die Begrenzung der Verkehrsflächen sowie die an diesen gelegenen überbaubaren Grundstücksflächen enthält und unter Mitwirkung der Straßenbaubehörde zustande gekommen ist.

(7) Die Straßenbaubehörde kann im Einzelfall Ausnahmen von den Verboten der Absätze 1 und 4 zulassen, wenn die Durchführung der Vorschriften im Einzelfalle zu einer offenbar nicht beabsichtigten Härte führen würde und die Abweichung mit den öffentlichen Belangen vereinbar ist oder wenn Gründe des Wohls der Allgemeinheit die Abweichung erfordern. Ausnahmen können mit Bedingungen und Auflagen versehen werden.

(8) Die Gemeinden können durch Satzung vorschreiben, daß für bestimmte Gemeindestraßen im Außenbereich (§ 19 Abs. 1 Nr. 3 des Baugesetzbuchs) die Absätze 1 bis 5 und 7 sowie § 27 insgesamt entsprechend anzuwenden sind, wobei die in den Absätzen 1 und 2 genannten Abstände geringer festgesetzt werden können.

§ 30 Schutzwaldungen

(1) Waldungen und Gehölze längs der Straßen sollen auf Antrag der Straßenbaubehörde von den Landkreisen und kreisfreien Städten in der Breite zu Schutzwaldungen erklärt werden, in der dies aus Gründen der Straßenbaugestaltung oder des Schutzes der Straßen gegen nachteilige Einwirkungen der Natur notwendig ist.

(2) Die Schutzwaldungen sind vom Eigentümer oder Besitzer den Schutzzwecken entsprechend zu bewirtschaften. Der Träger der Straßenbaulast hat den Eigentümer oder Nutzungsberechtigten für die hierdurch verursachten Vermögennachteile angemessen zu entschädigen.

§ 31 Schutzmaßnahmen

(1) Sind zum Schutz der Straße vor nachteiligen Einwirkungen der Natur, wie Schneeverwehungen, Steinschlag, Überschwemmungen, Vorkehrungen auf benachbarten Grundstücken notwendig, so haben die Grundstückseigentümer und Besitzer sie zu dulden. Die Straßenbaubehörde hat den Betroffenen die Durchführung der Maßnahme mindestens zwei Wochen vorher schriftlich anzukündigen, es sei denn, daß Gefahr im Verzuge ist. Die Betroffenen sind berechtigt, die Maßnahmen im Einvernehmen mit der Straßenbaubehörde selbst durchzuführen. Der Träger der Straßenbaulast hat den Betroffenen Aufwendungen und Schäden in Geld zu ersetzen, soweit diese nicht Folge von Veränderungen auf benachbarten Grundstücken sind, die die Betroffenen zu vertreten haben.

(2) Anpflanzungen, Zäune, Stapel, Haufen und andere mit dem Grundstück nicht fest verbundene EInrichtungen dürfen nicht angelegt werden, wenn sie die Verkehrssicherheit beeinträchtigen. Soweit solche Anlagen vorhanden sind, haben die Eigentümer sie zu beseitigen. Die Beseitigung ist ihnen von der Straßenbaubehörde schriftlich aufzugeben. Kommen sie der Aufforderung innerhalb der ihnen gesetzten Frist nicht nach, so kann

die Straßenbaubehörde das Erforderliche selbst veranlassen, wenn der Bescheid unanfechtbar geworden oder seine sofortige Vollziehung angeordnet worden ist.

(3) Im Falle des Absatzes 2 hat der Betroffene die Kosten zu tragen, die durch die Beseitigung der Anlage entstehen. Das gilt nicht, wenn die Anlage schon beim Inkrafttreten dieses Gesetzes vorhanden war oder wenn die Voraussetzungen für ihre Beseitigung deswegen eintreten, weil die Straße neu angelegt oder ausgebaut worden ist; in diesen Fällen hat der Träger der Straßenbaulast dem Betroffenen Aufwendungen und Schäden in Geld zu ersetzen.

§ 32 Bepflanzung des Straßenkörpers

Die Bepflanzung des Straßenkörpers bleibt dem Träger der Straßenbaulast vorbehalten. Die Straßenanlieger haben alle Maßnahmen zu dulden, die im Interesse der Erhaltung und Ergänzung der auf dem Straßenkörper befindlichen Pflanzungen erforderlich sind. Sie haben der Straßenbaubehörde rechtzeitig vorher Anzeige zu machen, wenn sie auf das Anliegergrundstück eingedrungene Wurzeln eines Straßenbaumes abschneiden wollen.

Bundesfernstraßengesetz (FStrG)

in der Fassung der Bekanntmachung vom 19. April 1994 (BGBl. I S. 854) – BGBl. III 911-1 – Auszug

§ 9 Bauliche Anlagen an Bundesfernstraßen

(1) Längs der Bundesfernstraßen dürfen nicht errichtet werden

1. Hochbauten jeder Art in einer Entfernung bis zu 40 m bei Bundesautobahnen und bis zu 20 m bei Bundesstraßen außerhalb der zur Erschließung der anliegenden Grundstücke bestimmten Teile der Ortsdurchfahrten, jeweil gemessen vom äußeren Rand der befestigten Fahrbahn,
2. bauliche Anlagen, die außerhalb der zur Erschließung der anliegenden Grundstücke bestimmten Teile der Ortsdurchfahrten über Zufahrten

oder Zugänge an Bundesstraßen unmittelbar oder mittelbar angeschlossen werden sollen.

Satz 1 Nr. 1 gilt entsprechend der Aufschüttungen oder Abgrabungen größeren Umfangs. Weitergehende bundes- oder landesrechtliche Vorschriften bleiben unberührt.

(2) Im übrigen bedürfen Baugenehmigungen oder nach anderen Vorschriften notwendige Genehmigungen der Zustimmung der obersten Landesstraßenbaubehörde, wenn

1. bauliche Anlagen längs der Bundesautobahnen in einer Entfernung bis zu 100 m und längs der Bundesstraßen außerhalb der zu Erschließung der anliegenden Grundstücke bestimmten Teile der Ortsdurchfahrten bis zu 40 m, gemessen vom äußeren Rand der befestigten Fahrbahn, errichtet, erheblich geändert oder anders genutzt werden sollen,

2. bauliche Anlagen auf Grundstücken, die außerhalb der zur Erschließung der anliegenden Grundstücke bestimmten Teile der Ortsdurchfahrten über Zufahrten oder Zugänge an Bundesstraßen unmittelbar oder mittelbar angeschlossen sind, erheblich geändert oder anders genutzt werden sollen.

Die Zustimmungsbedürftigkeit nach Satz 1 gilt entsprechend für bauliche Anlagen, die nach Landesrecht anzeigepflichtig sind. Weitergehende bundes- oder landesrechtliche Vorschriften bleiben unberührt.

(3) Die Zustimmung nach Absatz 2 darf nur versagt oder mit Bedingungen und Auflagen erteilt werden, soweit dies wegen der Sicherheit oder Leichtigkeit des Verkehrs, der Ausbauabsichten oder der Straßenbaugestaltung nötig ist.

(3 a) Die Belange nach Absatz 3 sind auch bei Erteilung von Baugenehmigungen innerhalb der zur Erschließung der anliegenden Grundstücke bestimmten Teile der Ortsdurchfahrten von Bundesstraßen zu beachten.

(4) Bei geplanten Bundesfernstraßen gelten die Beschränkungen der Absätze 1 und 2 vom Beginn der Auslegung der Pläne im Planfeststellungsverfahren oder von dem Zeitpunkt an, zu dem den Betroffenen Gelegenheit gegeben wird, den Plan einzusehen.

(5) Bedürfen die baulichen Anlagen im Sinne des Absatzes 2 außerhalb der zur Erschließung der anliegenden Grundstücke bestimmten Teile der Ortsdurchfahrten keiner Baugenehmigung oder keiner Genehmigung nach anderen Vorschriften, so tritt an die Stelle der Zustimmung die Genehmigung der obersten Landesstraßenbauhörde.

(5 a) Als bauliche Anlagen im Sinne dieses Gesetzes gelten auch die im Landesbaurecht den baulichen Anlagen gleichgestellten Anlagen.

(6) Anlagen der Außenwerbung stehen außerhalb der zur Erschließung der anliegenden Grundstücke bestimmten Teile der Ortsdurchfahrten den Hochbauten des Absatzes 1 und den baulichen Anlagen des Absatzes 2 gleich. An Brücken über Bundesfernstraßen außerhalb dieser Teile der Ortsdurchfahrten dürfen Anlagen der Außenwerbung nicht angebracht werden. Weitergehende bundes- oder landesrechtliche Vorschriften bleiben unberührt.

(7) Die Absätze 1 bis 5 gelten nicht, soweit das Bauvorhaben den Festsetzungen eines Bebauungsplanes entspricht (§ 9 des Baugesetzbuchs), der mindestens die Begrenzung der Verkehrsflächen sowie an diesen gelegene überbaubare Grundstücksflächen enthält und unter Mitwirkung des Trägers der Straßenbaulast zustanden gekommen ist.

(8) Die oberste Landesstraßenbaubehörde kann im Einzelfall Ausnahmen von den Verboten der Absätze 1, 4 und 6 zulassen, wenn die Durchführung der Vorschriften im Einzelfalle zu einer offenbar nicht beabsichtigten Härte führen würde und die Abweichung mit den öffentlichen Belangen vereinbar ist oder wenn Gründe des Wohls der Allgemeinheit die Abweichung erfordern. Ausnahmen können mit Bedingungen und Auflagen versehen werden.

(9) Wird infolge der Anwendung der Absätze 1, 2, 4 und 5 die bauliche Nutzung eines Grundstücks, auf deren Zulassung bisher ein Rechtsanspruch bestand, ganz oder teilweise aufgehoben, so kann der Eigentümer insoweit eine angemessene Entschädigung in Geld verlangen, als seine Vorbereitungen zur baulichen Nutzung des Grundstücks in dem bisher zulässigen Umfang für ihn an Wert verlieren oder eine wesentliche Wertminderung des Grundstücks eintritt. Zur Entschädigung ist der Träger der Straßenbaulast verpflichtet.

(10) Im Falle des Absatzes 4 entsteht der Anspruch nach Absatz 9 erst, wenn der Plan rechtskräftig festgestellt oder mit der Ausführung begonnen worden ist, spätestens jedoch nach Ablauf von vier Jahren, nachdem die Beschränkung der Absätze 1 und 2 in Kraft getreten sind.

§ 9 a Veränderungssperre

(1) Vom Beginn der Auslegung der Pläne im Planfeststellungsverfahren oder von dem Zeitpunkt an, zu dem den Betroffenen Gelegenheit gegeben wird, den Plan einzusehen, dürfen auf den vom Plan betroffenen Flächen bis zu ihrer Übernahme durch den Träger der Straßenbaulast wesentlich wertsteigernde oder den geplanten Straßenbau erheblich erschwerende Veränderungen nicht vorgenommen werden. Veränderungen, die in rechtlich zulässiger Weise vorher begonnen worden sind, Unterhaltungsarbeiten und die Fortführung einer bisher ausgeübten Nutzung werden hiervon nicht berührt.

(2) Dauert die Veränderungssperre länger als vier Jahre, so können die Eigentümer für die dadurch entstandenen Vermögensnachteile vom Träger der Straßenbaulast eine angemessene Entschädigung in Geld verlangen. Sie können ferner die Übernahme der vom Plan betroffenen Flächen verlangen, wenn es ihnen mit Rücksicht auf die Veränderungssperre wirtschaftlich nicht zuzumuten ist, die Grundstücke in der bisherigen oder einer anderen zulässigen Art zu benutzen. Kommt keine Einigung über die Übernahme zustande, so können die Eigentümer die Entziehung des Eigentums an den Flächen verlangen. Im übrigen gilt § 19 (Enteignung).

(3) Um die Planung der Bundesfernstraßen zu sichern, können die Landesregierungen durch Rechtsverordnung für die Dauer von höchstens zwei Jahren Planungsgebiete festlegen. Die Gemeinden und Kreise, deren Bereich durch die festzulegenden Planungsgebiete betroffen wird, sind vorher zu hören. Die Ermächtigung kann durch Rechtsverordnung weiter übertragen werden. Auf die Planungsgebiete ist Absatz 1 singgemäß anzuwenden. Die Frist kann, wenn besondere Umstände es erfordern, durch Rechtsverordnung auf höchstens vier Jahre verlängert werden. Die Festlegung tritt mit Beginn der Auslegung der Pläne im Planfeststellungsverfahren außer Kraft. Ihre Dauer ist auf die Vierjahresfrist nach Absatz 2 anzurechnen.

(4) Auf die Festlegung eines Planungsgebietes ist in Gemeinden, deren Bereich betroffen wird, hinzuweisen. Planungsgebiete sind außerdem in Karten kenntlich zu machen, die in den Gemeinden während der Geltungsdauer der Festlegung zur Einsicht auszulegen sind.

(5) Die oberste Landesstraßenbaubehörde kann Ausnahmen von der Veränderungssperre zulassen, wenn überwiegende öffentliche Belange nicht entgegenstehen.

§ 10 Schutzwaldungen

(1) Waldungen und Gehölze längs der Bundesfernstraßen können von der Straßenbaubehörde im Einvernehmen mit der nach Landesrecht für Schutzwaldungen zuständigen Behörde in einer Breite von 40 m, gemessen vom äußeren Rand der befestigten Fahrbahn, zu Schutzwaldungen erklärt werden.

(2) Die Schutzwaldungen sind vom Eigentümer oder Nutznießer zu erhalten und ordnungsgemäß zu unterhalten. Die Aufsicht hierüber liegt der nach Landesrecht für Schutzwaldungen zuständigen Behörde ob.

§ 11 Schutzmaßnahmen

(1) Zum Schutze der Bundesfernstraßen vor nachteiligen Einwirkungen der Natur (z. B. Schneeverwehungen, Steinschlag, Vermurungen) haben die Eigentümer von Grundstücken an den Bundesfernstraßen die Anlage vorübergehender Einrichtungen zu dulden.

(2) Anpflanzungen, Zäune, Stapel, Haufen und andere mit dem Grundstück nicht verbundene Einrichtungen dürfen nicht angelegt werden, wenn sie die Verkehrssicherheit beeinträchtigen. Soweit sie bereits vorhanden sind, haben die Eigentümer ihre Beseitigung zu dulden.

(3) Die Straßenbaubehörde hat den Eigentümern die Durchführung dieser Maßnahme 14 Tage vorher schriftlich anzuzeigen, es sei denn, daß Gefahr im Verzuge ist. Die Eigentümer können die Maßnahmen im Benehmen mit der Straßenbaubehörde selbst durchführen.

(4) Diese Verpflichtungen liegen auch den Besitzern ob.

(5) Der Träger der Straßenbaulast hat den Eigentümern oder Besitzern die hierdurch verursachten Aufwendungen und Schäden in Geld zu ersetzen.

Gesetz über Eisenbahnen und Bergbahnen (GEB)

Vom 16. April 1957 (Nieders. GVBl. S. 39), zuletzt geändert durch Art. 30 des Gesetzes vom 5. Dezember 1983 (Nieders. GVBl. S. 281) – Auszug

§ 17 Schutzmaßnahmen

(1) Zum Schutz der Eisenbahnen vor nachteiligen Einwirkungen der Natur (z. B. Schneeverwehungen, Steinschlag) haben die Eigentümer und Besitzer von Grundstücken an den Eisenbahnen die Anlage vorübergehender Einrichtungen zu dulden.

(2) Anpflanzungen, Zäune, Stapel, Haufen und andere mit dem Grundstück nicht fest verbundene Einrichtungen dürfen nicht angelegt werden, wenn sie die Verkehrssicherheit durch Sichtbehinderung beeinträchtigen. Soweit sie bereits vorhanden sind, haben die Eigentümer und Besitzer ihre Beseitigung zu dulden.

(3) Die für die eisenbahntechnische Aufsicht zuständige Behörde hat den Eigentümern und Besitzern die Durchführung dieser Maßnahmen 14 Tage vorher schriftlich anzuzeigen, es sei denn, daß Gefahr im Verzuge ist. Die Durchführung liegt dem Unternehmer ob. Sind solche Maßnahmen in Sichtdreiecken an Kreuzungen mit Straßen erforderlich, für die das Gesetz über Kreuzungen von Eisenbahnen und Straßen vom 4. Juli 1939 (Reichsgesetzbl. I S. 1211) gilt, so erfolgt die Anzeige und Durchführung durch die Straßenbaubehörde. Die Eigentümer und Besitzer können die Maßnahmen im Benehmen mit den genannten Behörden selbst durchführen.

(4) Der Unternehmer hat den Eigentümern oder Besitzern die durch Maßnahmen gemäß Absatz 1 und Absatz 2 Satz 2 verursachten Aufwendungen und Schäden in Geld zu ersetzen, soweit hierzu nicht ein anderer verpflichtet ist. Im Falle des Absatzes 3 Satz 3 trifft die Ersatzpflicht denjenigen, der zur Unterhaltung des Sichtdreiecks verpflichtet ist.

Niedersächsisches Wassergesetz (NWG)

in der Fassung vom 20. August 1990 (Nds. GVBl. S. 371), zuletzt geändert durch Gesetz vom 16. November 1995 (Nds. GVBl. S. 425) – Auszug

§ 176 Durchleitung von Wasser und Abwasser

Zur Entwässerung oder Bewässerung von Grundstücken, zur Wasserversorgung, zur Abwasserbeseitigung und zum Betrieb einer Teichwirtschaft oder einer Stau- und Triebwerksanlage kann der Unternehmer unter den Voraussetzungen des § 175 von den Eigentümern der betroffenen Grundstücke und Gewässer verlangen, daß sie das ober- und unterirdische Durchleiten von Wasser und Abwasser in geschlossenen wasserdichten Leitungen und die Unterhaltung der Leitungen gegen Entschädigung dulden.

Gesetz zum Schutz vor schädlichen Umwelteinwirkungen durch Luftverunreinigungen, Geräusche, Erschütterungen und ähnliche Vorgänge (Bundes-Immissionsschutzgesetz – BImSchG)

in der Fassung der Bekanntmachung vom 14. Mai 1990 (BGBl. I S. 880), zuletzt geändert durch Gesetz vom 19. Juli 1995 (BGBl. I S. 930) – BGBl. III 2129-8 – Auszug

§ 41 Straßen und Schienenwege

(1) Bei dem Bau oder der wesentlichen Änderung öffentlicher Straßen sowie von Eisenbahnen und Straßenbahnen ist unbeschadet des § 50 sicherzustellen, daß durch diese keine schädlichen Umwelteinwirkungen durch Verkehrsgeräusche hervorgerufen werden können, die nach dem Stand der Technik vermeidbar sind.

(2) Absatz 1 gilt nicht, soweit die Kosten der Schutzmaßnahme außer Verhältnis zu dem angestrebten Schutzzwecken stehen würden.

§ 42 Entschädigung für Schallschutzmaßnahmen

(1) Werden im Fall des § 41 die in der Rechtsverordnung nach § 43 Abs. 1 Satz 1 Nr. 1 festgelegten Immissionsgrenzwerte überschritten, hat der Eigentümer einer betroffenen baulichen Anlage gegen den Träger der Baulast einen Anspruch auf angemessene Entschädigung in Geld, es sei denn, daß die Beeinträchtigung wegen der besonderen Benutzung der Anlage zumutbar ist. Dies gilt auch bei baulichen Anlagen, die bei Auslegung der Pläne im Planfeststellungsverfahren oder bei Auslegung des Entwurfs der Bauleitpläne mit ausgewiesener Wegeplanung bauaufsichtlich genehmigt waren.

(2) Die Entschädigung ist zu leisten für Schallschutzmaßnahmen an den baulichen Anlagen in Höhe der erbrachten notwendigen Aufwendungen, soweit sich diese im Rahmen der Rechtsverordnung nach § 43 Abs. 1 Satz 1 Nr. 3 halten. Vorschriften, die weitergehende Entschädigungen gewähren, bleiben unberührt.

(3) Kommt zwischen dem Träger der Baulast und dem Betroffenen keine Einigung über die Entschädigung zustande, setzt die nach Landesrecht zuständige Behörde auf Antrag eines der Beteiligten die Entschädigung durch schriftlichen Bescheid fest. Im übrigen gelten für das Verfahren die Enteignungsgesetze der Länder entsprechend.

§ 43 Rechtsverordnung der Bundesregierung

(1) Die Bundesregierung wird ermächtigt, nach Anhörung der beteiligten Kreise (§ 51) durch Rechtsverordnung mit Zustimmung des Bundesrates die zur Durchführung des § 41 und des § 42 Abs. 1 und 2 erforderlichen Vorschriften zu erlassen, insbesondere über

1. bestimmte Grenzwerte, die zum Schutz der Nachbarschaft vor schädlichen Umwelteinwirkungen durch Geräusche nicht überschritten werden dürfen, sowie über das Verfahren zur Ermittlung der Emissionen oder Immissionen,
2. bestimmte technische Anforderungen an den Bau von Straßen, Eisenbahnen und Straßenbahnen zur Vermeidung von schädlichen Umwelteinwirkungen durch Geräusche und
3. Art und Umfang der zum Schutz vor schädlichen Umwelteinwirkungen durch Geräusche notwendigen Schallschutzmaßnahmen an baulichen Anlagen.

In den Rechtsverordnungen nach Satz 1 ist den Besonderheiten des Schienenverkehrs Rechnung zu tragen.

(2) Wegen der Anforderungen nach Absatz 1 gilt § 7 Abs. 5 entsprechend.

Niedersächsische Bauordnung (NBauO)

in der Fassung vom 13. Juli 1995 (Nds. GVBl. S. 199), geändert durch Artikel II des Gesetzes zur Änderung des Niedersächsischen Architektengesetzes, der Niedersächsischen Bauordnung und des Niedersächsischen Imgenieurgesetzes vom 28. Mai 1996 (Nds. GVBl. S. 252) – Auszug

§ 7 Grenzabstände

(1) Gebäude müssen mit allen auf ihren Außenflächen oberhalb der Geländeoberfläche gelegenen Punkten von den Grenzen des Baugrundstücks Abstand halten. Der Abstand ist zu nächsten Lotrechten über der Grenzlinie zu messen. Er richtet sich jeweils nach der Höhe des Punktes über der Geländeoberfläche (H). Der Abstand darf auf volle 10 cm abgerundet werden.

(2) Erhebt sich über einen nach § 8 an eine Grenze gebauten Gebäudeteil ein nicht an diese Grenze gebauter Gebäudeteil, so ist für dessen Abstand von dieser Grenze abweichend von Absatz 1 Satz 3 die Höhe des Punktes über die Oberfläche des niedrigeren Gebäudeteils an der Grenze maßgebend.

(3) Der Abstand beträgt 1 H, mindestens jedoch 3 m.

(4) Der Abstand beträgt 1/2 H, mindestens jedoch 3 m,

1. in Baugebieten, die ein Bebauungsplan als Kerngebiet festsetzt,
2. in Gewerbe- und Industriegebieten sowie in Gebieten, die nach ihrer Bebauung diesen Gebieten entsprechen,
3. in anderen Baugebieten, in denen nach dem Bebauungsplan Wohnungen nicht allgemein zulässig sind.

Satz 1 gilt nicht für den Abstand von den Grenzen solcher Nachbargrundstücke, die ganz oder überwiegend außerhalb der genannten Gebiete liegen.

§ 7 a Verringerte Abstände von zwei Grenzen

(1) Abweichend von § 7 Abs. 3 braucht der Abstand eines Gebäudes gegenüber je einem höchstens 17 m langen Abschnitt zweier beliebiger Grenzen nur ½ H, mindestens jedoch 3 m, zu betragen. Dabei gelten aneinander gebaute Gebäude auf demselben Baugrundstück als ein Gebäude, Grenzen, die einen Winkel von mehr als 120 bilden, gelten als eine Grenze.

(2) Ist ein Gebäude ohne Abstand an einer Grenze gebaut, so darf sein Abstand nur noch gegenüber einer weiteren Grenze nach Absatz 1 verringert werden. Ist ein Gebäude ohne Abstand an zwei Grenzen gebaut, so darf sein Abstand gegenüber keiner weiteren Grenze mehr nach Absatz 1 verringert werden. Soweit ein Gebäude auf eine Länge von weniger als 17 m an eine Grenze gebaut ist, brauchen Teile des Gebäudes, die nicht an diese Grenze gebaut werden, innerhalb des Grenzabschnitts von 17 m nur den Abstand nach Absatz 1 zu halten.

§ 7 b Untergeordnete Gebäudeteile

(1) Eingangsüberdachungen, Windfänge, Hauseingangstreppen, Kellerlichtschächte und Balkone dürfen die Abstände nach den §§ 7 und 7 a um 1,50 m, höchstens jedoch um ein Drittel, unterschreiten. Dies gilt auch für andere vortretende Gebäudeteile wie Gesimse, Dachvorsprünge, Erker und Blumenfenster, wenn sie untergeordnet sind.

(2) Antennen, Geländer und Schornsteine bleiben als untergeordnete Gebäudeteile außer Betracht. Außer Betracht bleiben ferner Giebeldreiecke, soweit sie waagerecht gemessen, weniger als 6 m breit sind. Entsprechendes gilt für andere Giebelformen.

(3) Ist ein Gebäude nach § 8 Abs. 1 an eine Grenze gebaut, so sind nicht an diese Grenze gebaute Teile des Gebäudes, die unter Absatz 1 fallen, in beliebigem Abstand von dieser Grenze zulässig. Ist ein Gebäude nach § 8 Abs. 2 oder 3 an eine Grenze gebaut, so darf der Abstand der in Satz 1 genannten Gebäudeteile von dieser Grenze bis auf 2 m verringert werden. Er darf weiter verringert werden, wenn der Nachbar zugestimmt hat oder

auf dem Nachbargrundstück entsprechende Gebäudeteile vorhanden sind, ausnahmsweise auch ohne Vorliegen dieser Voraussetzungen, wenn die Gebäudeteile sonst nicht oder nur unter Schwierigkeiten auf dem Baugrundstück errichtet werden können.

§ 8 Grenzbebauung

(1) Soweit ein Gebäude nach städtebaulichem Planungsrecht ohne Grenzabstand errichet werden muß, ist § 7 nicht anzuwenden.

(2) Soweit ein Gebäude nach städtebaulichem Planungsrecht ohne Grenzabstand errichtet werden darf, ist es abweichend von § 7 an der Grenze zulässig, wenn durch Baulast gesichert ist, daß auf dem Nachbargrundstück entsprechend an diese Grenze gebaut wird. Die Bauaufsichtsbehörde kann zulassen, daß die Baulast eine andere als eine entsprechende Grenzbebauung festlegt, wenn den allgemeinen Anforderungen an gesunde Wohn- und Arbeitsverhältnisse mindestens gleichwertig entsprochen wird und baugestalerische Bedenken nicht bestehen. Sie kann auf die Baulast verzichten, wenn für die Gebäude auf beiden Grundstücken Bauanträge vorliegen und die Grundstückseigentümer der Grenzbebauung zugestimmt haben.

(3) Soweit ein Gebäude nach städtebaulichem Planungsrecht ohne Grenzabstand errichet werden darf, ist es ferner an der Grenze zulässig, wenn auf dem Nachbargrundstück ein Gebäude ohne Abstand an der Grenze vorhanden ist und die neue Grenzbebauung der vorhandenen auch die Nutzung, entspricht. Die Bauaufsichtsbehörde kann eine andere als eine entsprechende Grenzbebauung zulassen, wenn den allgemeinen Anforderungen an gesunde Wohn- und Arbeitsverhältnisse mindestens gleichwertig entsprochen wird, baugestalterische Bedenken nicht bestehen und der Nachbar zugestimmt hat. Sie kann aus städtebaulichen oder baugestalterischen Gründen verlangen, daß an eine auf dem Nachbargrundstück vorhandene Grenzbebauung angebaut wird.

(4) Die Bauaufsichtsbehörde kann verlangen, daß abweichend von den Absätzen 1 bis 3 Abstand nach den §§ 7 bis 7 b gehalten wird, wenn die vorhandene Bebauung dies erfordert.

§ 9 Hinzurechnung benachbarter Grundstücke

(1) Benachbarte Verkehrsflächen öffentlicher Straßen dürfen für die Bemessung des Grenzabstandes bis zu ihrer Mittellinie dem Baugrundstück zugerechnet werden, unter den Voraussetzungen des Absatzes 2 auch über die Mittellinie hinaus. Ausnahmsweise kann mit Zustimung der Eigentümer zugelassen werden, daß öffentliche Grün- und Wasserflächen sowie Betriebsanlagen öffentlicher Eisenbahnen und Straßenbahnen entsprechend Satz 1 zugerechnet werden.

(2) Andere benachbarte Grundstücke dürfen für die Bemessung des Grenzabstandes dem Baugrundstück bis zu einer gedachten Grenze zugerechnet werden, wenn durch Baulast gesichert ist, daß auch bauliche Anlagen auf dem benachbarten Grundstück den vorgeschriebenen Abstand von dieser Grenze halten.

§ 10 Abstände auf demselben Baugrundstück

(1) Zwischen Gebäuden auf demselben Baugrundstück, die nicht unmittelbar aneinandergebaut sind, muß ein Abstand gehalten werden, der so zu bemessen ist, wie wenn zwischen ihnen eine Grenze verliefe.

(2) Der Abstand nach Absatz 1 darf, soweit hinsichtlich des Brandschutzes, des Tageslichts und der Lüftung keine Bedenken bestehen, unterschritten werden

1. auf einem Baugrundstück, das in einem durch Bebauungsplan festsetzten Gewerbe- oder Industriegebiet liegt oder entsprechend genutzt werden darf, zwischen Gebäuden, die in den genannten Gebieten allgemein zulässig sind,
2. zwischen landwirtschaftlichen Betriebsgebäuden ohne Aufenthaltsräume.

(3) Wenn Teile desselben Gebäudes oder aneinandergebauter Gebäude auf demselben Baugrundstück einander in einem Winkel von weniger als 75° zugekehrt sind, so muß zwischen ihnen Abstand nach Absatz 1 gehalten werden. Dies gilt nicht für Dachgauben, Balkone und sonstige geringfügig vor- oder zurücktretende Teile desselben Gebäudes. Die Abstände nach Satz 1 dürfen unterschritten werden, soweit die Gebäudeteile keine Öffnungen zu Aufenthaltsräumen haben und der Brandschutz und eine ausreichende Belüftung gewährleistet sind.

(4) Die Absätze 1 bis 3 gelten nicht für fliegende Bauten.

§ 11 Mindestabstände für Öffnungen

Zwischen einander in einem Winkel von weniger als 120° zugekehrten Fenstern von Aufenthaltsräumen eines Gebäudes muß ein Abstand von mindestens 6 m gehalten werden, wenn die Aufenthaltsräume dem Wohnen dienen und nicht zu derselben Wohnung gehören. Satz 1 gilt auch für Fenster aneinandergebauter Gebäude auf demselben Baugrundstück.

§ 12 Wegfall oder Verringerung der Abstände von Gebäuden besonderer Art

(1) Auf einem Baugrundstück sind jeweils

1. eine Garage oder eine Anlage, die aus mehreren aneinandergebauten Garagen besteht,
2. ein Gebäude ohne Feuerstätten und Aufenthaltsräume, das dem Fernmeldewesen, der öffentlichen Energie- oder Wasserversorgung oder der öffentlichen Abwasserbeseitigung dient, und
3. ein sonstiges Gebäude ohne Feuerstätten und Aufenthaltsräume

ohne Grenzabstand oder mit einem bis auf 1 m verringerten Grenzabstand zulässig. Soweit die in Satz 1 genannten Gebäude den Grenzabstand nach § 7 unterschreiten, darf

1. ihre Grundfläche im Fall der Nummer 1 höchstens 36 m^2, im Fall der Nummer 2 höchstens 20 m^2 und im Fall 3 höchstens 15 m^2 betragen,
2. ihre Gesamtlänge an keiner Grenze größer als 9 m sein und
3. ihre Höhe 3 m nicht übersteigen.

Sind Gebäude der in Satz 1 genannten Art nach § 8 Abs. 2 oder 3 ohne Abstand an eine Grenze gebaut, so sind diese bei Anwendung der Sätze 1 und 2 anzurechnen.

(2) Ausnahmsweise können Garagen mit notwendigen Einstellplätzen (§ 47) für das Baugrundstück und Gewächshäuser, die einen landwirtschaftlichen Betrieb dienen, in größerer Anzahl und in größerem Ausmaß, als nach Absatz 1 Satz 1 und Satz 2 Nrn. 1 und 2 gestattet, ohne oder mit

einem bis auf 1 m verringertem Grenzabstand zugelassen werden, wenn sie sonst nicht oder nur unter Schwierigkeiten auf dem Baugrundstück errichtet werden können.

(3) Ausnahmsweise kann eine größere als die in Absatz 1 Satz 2 Nr. 3 vorgeschriebene Höhe zugelassen werden, wenn der Nachbar zugestimmt hat, das Gelände hängig ist oder Gründe des § 13 Abs. 1 Nrn. 1 bis 3 vorliegen.

(4) Garagen und Gebäude ohne Feuerstätten und Aufenthaltsräume dürfen den in § 10 vorgeschriebenen Abstand von Gebäuden und Gebäudeteilen auf demselben Baugrundstück unterschreiten, soweit sie nicht höher als 3 m sind und hinsichtlich des Brandschutzes, des Tageslichts und der Lüftung keine Bedenken bestehen. Ausnahmsweise kann, wenn solche Bedenken nicht bestehen, eine größere Höhe als 3 m zugelassen werden.

(5) In Baugebieten, in denen nach dem Bebauungsplan nur Gebäude mit einem fremder Sicht entzogenen Gartenhof zulässig sind, brauchen Gebäude, soweit sie nicht höher als 3,50 m sind, Abstand nach den §§ 7 bis 10 nicht zu halten. § 7 Abs. 4 Satz 2 gilt entsprechend. Gartenhöfe, denen mindestens ein Aufenthaltsraum – ausgenommen Küche – überwiegend zugeordnet ist, müssen jedoch eine Seitenlänge von mindestens 5 m und eine Fläche von mindestens 36 m^2 haben. Die Bauaufsichtsbehörde kann ausnahmsweise zulassen, daß Gebäudeteile über 3,50 m Höhe die Abstände unterschreiten und Gartenhöfe eine geringere als die in Satz 3 genannte Größe haben, wenn hinsichtlich des Tageslichts und der Lüftung keine Bedenken bestehen und das Ortsbild nicht beeinträchtigt wird. Soweit nach Satz 4 Grenzabstände unterschritten werden, ist auch die Zustimmung des Nachbarn erforderlich.

§ 12 a Abstände sonstiger baulicher Anlagen

(1) Bauliche Anlagen, die keine Gebäude sind, müssen, soweit sie höher als 1 m über der Geländeoberfläche sind und soweit von ihnen Wirkungen wie von Gebäuden ausgehen, wie Gebäude Abstand nach den §§ 7 bis 10 halten. Terrassen müssen, soweit sie höher als 1 m sind, wie Gebäude Abstand halten.

(2) Abstand brauchen nicht zu halten

1. Einfriedungen bis zur Höhe von 2 m, Einfriedungen, die oberhalb einer Höhe von 1,80 m undurchsichtig sind, jedoch nur, wenn der Nachbar zugestimmt hat,
2. Einfriedungen bis zur Höhe von 3,50 m, soweit sie Gartenhöfe abschließen und die Vorausssetzungen des § 12 Abs. 5 vorliegen,
3. Stützmauern und Aufschüttungen bis zu einer Höhe von 1,50 m.

(3) Abweichend von Absatz 2 Nrn. 1 und 3 kann die Bauaufsichtsbehörde ausnahmsweise zulassen, daß Einfriedungen, Stützmauern oder Aufschüttungen bis zur Höhe von 3 m den vorgeschriebenen Abstand unterschreiten, wenn der Nachbar zugestimmt hat und das Ortsbild nicht beeinträchtigt wird.

§ 13 Abweichungen von den Abstandsvorschriften in besonderen Fällen

(1) Geringere als die in den §§ 7 bis 12 a vorgeschriebenen Abstände können ausnahmsweise zugelassen werden

1. zur Verwirklichung besonderer baugestalterischer oder städtebaulicher Absichten,
2. zur Wahrung der Eigenart oder des besonderen Eindrucks von Baudenkmalen (§ 3 Abs. 2 und 3 des Niedersächsischen Denkmalschutzgesetzes),
3. zur Wahrung baugestalterischer oder städtebaulicher Belange bei Baumaßnahmen in bebauten Bereichen entsprechend der vorhandenen Bebauung,
4. zur Durchführung von Nutzungsänderungen in Baudenkmalen sowie in sonstigen Gebäuden mit genehmigten Aufenthaltsräumen,
5. für Baumaßnahmen an Außenwänden vorhandener Gebäude, wie Verkleidung oder Verblendung,
6. für Antennenanlagen, die hoheitlichen Aufgaben oder Aufgaben der Deutschen Bahn AG, dem öffentlichen Fernmeldewesen oder der Verbreitung von Rundfunk oder Fernsehen dienen, wenn sie sonst nicht oder nur unter Schwierigkeiten auf dem Baugrundstück errichtet werden können,

7. mit Zustimmung des Nachbarn
   a) für Windkraftanlagen, ausgenommen Gebäude,
   b) für Masten von Freileitungen zur Versorgung mit elektrischer Energie.

(2) In den Fällen des Absatzes 1 muß den Erfordernissen des Brandschutzes genügt werden. Den allgemeinen Anforderungen an gesunde Wohn- und Arbeitsverhältnisse, auch auf den Nachbargrundstücken, muß in den Fällen der Nummer 1 mindestens gleichwertig, in den übrigen Fällen unter angemessener Berücksichtigung der besonderen Gegebenheiten entsprochen werden.

(3) Einer Ausnahme unter den Voraussetzungen der Absätze 1 und 2 bedarf es auch dann, wenn Festsetzungen in einem Bebauungsplan zwingend zu geringeren als den vorgeschriebenen Abständen führen.

. . . . .

§ 42 Wasserversorgungsanlagen; Anlagen für Abwässer, Niederschlagswasser und Abfallstoffe

(1) Gebäude mit Aufenthaltsräumen müssen, soweit es ihre Benutzung erfordert, eine Versorgung mit Trinkwasser haben, die dauernd gesichert ist. Zur Brandbekämpfung muß eine ausreichende Wassermenge in einer den örtlichen Verhältnissen entsprechenden Weise zur Verfügung stehen.

(2) Bei baulichen Anlagen muß die einwandfreie Beseitigung der Abwässer, der Niederschlagswässer und der Abfallstoffe dauernd gesichert sein. Das gilt auch für feste und flüssige Abgänge aus Tierhaltung.

(3) Anlagen zur Versorgung mit Trinkwasser, zur Beseitigung der Abwässer und der Niederschlagswässer sowie zur Beseitigung und vorübergehenden Aufbewahrung von Abfallstoffen und der in Absatz 2 Satz 2 genannten Stoffe müssen betriebssicher und so angeordnet und beschaffen sein, daß Gefahren oder unzumutbare Belästigungen, insbesondere durch Geruch oder Geräusch, nicht entstehen.

(4) Jede Wohnung muß einen eigenen Wasserzähler haben. Dies gilt nicht bei Nutzungsveränderungen, wenn die Anforderung nach Satz 1 nur mit unverhältnismäßigem Mehraufwand erfüllt werden kann.

. . . . .

§ 69 Genehmigungsfreie Baumaßnahmen

(1) Die im Anhang genannten baulichen Anlagen und Teile baulicher Anlagen dürfen in den dort festgelegten Grenzen ohne Baugenehmigung errichtet oder in bauliche Anlagen eingefügt und geändert werden.

(2) Die oberste Bauaufsichtsbehörde kann durch Verordnung weitere bauliche Anlagen oder Teile baulicher Anlagen vom Baugenehmigungsvorbehalt freistellen, soweit sie nach Ausmaß und möglichen Auswirkungen nicht über die im Anhang genannten baulichen Anlagen oder Teile baulicher Anlagen hinausgehen.

(3) Ohne Baugenehmigung dürfen abgebrochen oder beseitigt werden

1. Gebäude, ausgenommen Hochhäuser,
2. bauliche Anlagen, die keine Gebäude sind,
3. die im Anhang genannten Teile baulicher Anlagen.

(4) Keiner Baugenehmigung bedürfen

1. die Änderung der Nutzung einer baulicher Anlage, wenn das öffentliche Baurecht an die bauliche Anlage in der neuen Nutzung keine anderen oder weitergehenden Anforderungen stellt,
2. die Umnutzung von Räumen im Dachgeschoß eines Wohngebäudes mit nur einer Wohnung in Aufenthaltsräume, die zu dieser Wohnung gehören,
3. die Umnutzung von Räumen in vorhandenen Wohngebäuden und Wohnungen in Räume für Bäder oder Toiletten.

(5) Keiner Baugenehmigung bedarf die Instandhaltung.

(6) Genehmigungsfreie Baumaßnahmen müssen die Anforderungen des öffentlichen Baurechts ebenso wie genehmigungsbedürftige Baumaßnahmen erfüllen, es sei denn, daß sich die Anforderungen auf genehmigungsbedürftige Baumaßnahmen beschränken. Genehmigungsvorbehalte in anderen Vorschriften, namentlich im Niedersächsischen Denkmalschutzgesetz und im städtebaulichen Planungsrecht, bleiben unberührt.

§ 69 a Genehmigungsfreie Wohngebäude

(1) Keiner Baugenehmigung bedarf in Baugebieten, die ein Bebauungsplan im Sinne des § 30 Abs. 1 des Baugesetzbuchs als Kleinsiedlungsgebiete oder als reine, allgemeine oder besondere Wohngebiete festsetzt, die Errichtung von Wohngebäuden geringer Höhe mit nicht mehr als zwei Wohnungen sowie von Garagen, Stellplätzen und Nebenanlagen im Sinne des § 14 der Baunutzungsverordnung für diese Wohngebäude, wenn

1. der Bauherr eine Entwurfsverfasserin oder einen Entwurfsverfasser im Sinne des § 58 Abs. 1 und 2 bestellt hat; der Bauherr darf selbst als Entwurfsverfasserin oder Entwurfsverfasser tätig sein, wenn er die Anforderungen nach Nummer 2 erfüllt,
2. die Entwurfsverfasserin oder der Entwurfsverfasser den Anforderungen nach § 58 Abs. 3 Nr. 1, 2 oder 3 entspricht und ausreichend gegen Haftpflichtgefahren versichert ist,
3. die Nachweise über die Standsicherheit von einer Person aufgestellt worden sind, die den Anforderungen nach § 58 Abs. 3 Nr. 3 entspricht,
4. die Nachweise über den Schall- und Wärmeschutz von einer Person aufgestellt worden sind, die den Anforderungen nach § 58 Abs. 3 Nr. 1, 2 oder 3 entspricht,
5. die Gemeinde dem Bauherrn bestätigt hat, daß die Erschließung im Sinne des § 30 Abs. 1 des Baugesetzbuchs gesichert ist, und
6. das Baugrundstück in dem Zeitpunkt, in dem die in Absatz 3 genannten Unterlagen der Bauaufsichtsbehörde zugehen, nicht von einer Veränderungssperre (§ 14 des Baugesetzbuchs) betroffen ist.

(2) Absatz 1 gilt auch für Änderungen und Nutzungsänderungen von Gebäuden, die nach Durchführung dieser Baumaßnahmen Gebäude im Sinne des Absatzes 1 sind.

(3) Der Bauherr hat der Bauaufsichtsbehörde vor Durchführung einer Baumaßnahme nach Absatz 1 oder 2 einzureichen

1. eine Mitteilung über die beabsichtigte Baumaßnahme,
2. einen Auszug aus dem Liegenschaftskataster, der mindestens die Bezeichnung des Grundstücks nach Gemeinde, Straße, Hausnummer, Grundbuch, Gemarkung, Flur, Flurstück mit Angabe der Eigen-

tümer oder der Erbbauberechtigten sowie die katastermäßigen Grenzen des Grundstücks enthalten muß,

3. eine Erklärung der Entwurfsverfasserin oder des Entwurfsverfassers, daß

   a) die Voraussetzungen für die Freistellung vom Baugenehmigungsvorbehalt nach Absatz 1 vorliegen,

   b) der Entwurf dem öffentlichen Baurecht entspricht und

   c) die von Sachverständigen im Sinne des § 58 Abs. 2 Satz 2 gefertigten Unterlagen dem öffentlichen Baurecht entsprechend aufeinander abgestimmt und im Entwurf berücksichtigt sind,

4. eine Erklärung von Sachverständigen im Sinne des § 58 Abs. 2 Satz 2, daß die von ihnen gefertigten Unterlagen dem öffentlichen Baurecht entsprechen.

(4) Über Ausnahmen und Befreiungen vom öffentlichen Baurecht entscheidet die Bauaufsichtsbehörde auf besonderen Antrag.

(5) Die Entwurfsverfasserin oder der Entwurfsverfasser hat das für das Baugrundstück zuständige Finanzamt über die beabsichtigte Baumaßnahme zu unterrichten.

(6) Die Durchführung der Baumaßnahme darf von dem Entwurf nicht abweichen.

(7) Der Entwurf muß während der Durchführung der Baumaßnahme an der Baustelle vorliegen. Nach Abschluß der Baumaßnahme hat der Bauherr den Entwurf unverzüglich bei der Bauaufsichtsbehörde einzureichen. Die Sätze 1 und 2 gelten nicht für die Nachweise über die Standsicherheit und den Schall- und Wärmeschutz.

(8) Der Bauherr kann verlangen, daß für Baumaßnahmen nach den Absätzen 1 und 2 ein Baugenehmigungsverfahren durchgeführt wird.

(9) Die vorstehenden Vorschriften sind nicht anzuwenden, soweit Baumaßnahmen nach den Absätzen 1 und 2 schon nach anderen Vorschriften keiner Baugenehmigung bedürfen.

(10) Eine nach den vorstehenden Vorschriften genehmigungsfreie Baumaßnahme bedarf auch dann, wenn nach ihrer Durchführung die

Nichtigkeit des Bebauungsplans festgestellt wird, keiner Baugenehmigung.

(11) Genehmigungsvorbehalte in anderen Vorschriften, namentlich im Niedersächsischen Denkmalschutzgesetz und im städtebaulichen Planungsrecht, bleiben unberührt.

.....

§ 72 Beteiligung der Nachbarn

(1) Nachbarn, deren Belange eine Baumaßnahme berühren kann, dürfen den Entwurf bei der Bauaufsichtsbehörde oder bei der Gemeinde einsehen. In den Fällen des § 69 a können sie vom Bauherrn Einsicht in den Entwurf auf der Baustelle und die Übersendung von Abdrucken des Entwurfs verlangen. Die Sätze 1 und 2 gelten nicht für die Teile des Entwurfs, die Belange der Nachbarn nicht berühren können.

(2) Soll eine Ausnahme von Vorschriften des öffentlichen Baurechts, die auch dem Schutz von Nachbarn dienen, insbesondere von den Vorschriften über die Grenzabstände, zugelassen oder eine Befreiung von solchen Vorschriften erteilt werden, so soll die Bauaufsichtsbehörde den betroffenen Nachbarn, soweit sie erreichbar sind, Gelegenheit zur Stellungnahme innerhalb angemessener Frist geben. Auch sonst kann die Bauaufsichtsbehörde nach Satz 1 verfahren, wenn eine Baumaßnahme möglicherweise Belange berührt, die durch Vorschriften des öffentlichen Baurechts geschützt werden.

(3) Der Bauherr hat der Bauaufsichtsbehörde auf Verlangen die betroffenen Nachbarn namhaft zu machen und Unterlagen zur Verfügung zu stellen, die zur Unterrichtung der Nahbarn erforderlich sind.

(4) Absatz 2 ist nicht anzuwenden, soweit Nachbarn der Baumaßnahme schriftlich zugestimmt haben.

.....

§ 75 Baugenehmigung

(1) Die Baugenehmigung ist zu erteilen, wenn die Baumaßnahme, soweit sie genehmigungsbedürftig ist und soweit die Prüfung nicht entfällt (§ 81 Abs. 1 Nr. 1), dem öffentlichen Baurecht entspricht.

(2) Bauliche Anlagen, die nur auf beschränkte Zeit errichtet werden dürfen oder sollen, Werbeanlagen und Warenautomaten können widerruflich oder befristet genehmigt werden. Behelfsbauten dürfen nur widerruflich oder befristet genehmigt werden.

(3) Die Baugenehmigung bedarf der Schriftform.

(4) Hat ein Nachbar Einwendungen gegen die Baumaßnahme erhoben, so ist die Baugenehmigung mit dem Teil der Bauvorlagen, auf den sich die Einwendungen beziehen, auch ihm mit einer Rechtsbehelfsbelehrung zuzustellen.

(5) Die Baugenehmigung ist auf Antrag des Bauherrn auch Nachbarn, die keine Einwendungen erhoben haben, mit einer Rechtsbehelfsbelehrung zuzustellen.

(6) Die Baugenehmigung gilt auch für und gegen die Rechtsnachfolger des Bauherrn und der Nachbarn.

. . . . .

Allgemeine Durchführungsverordnung zur Niedersächsischen Bauordnung (DVNBauO)

Vom 11. März 1987 (Nieders. GVBl. S. 29) – Auszug

§ 24 Anlagen für Abwässer, Niederschlagwasser und feste Abfallstoffe (Zu § 42 NBauO)

(1) Kleinkläranlagen und Sammelgruben müssen wasserdicht und ausreichend groß sein sowie dichte und sichere Abdeckungen und Reinigungs- und Entleerungsöffnungen haben. Die Reinigungs- und Entleerungsöffnungen dürfen nur vom Freien aus zugänglich sein. Die Zuleitungen zu Abwasserbeseitigungsanlagen müssen geschlossen, dicht und, soweit erforderlich, zum Reinigen eingerichtet sein.

(2) Dungstätten müssen waagerecht gemessen von Öffnungen zu Aufenthaltsräumen mindestens 5 m und von den Grenzen des Baugrundstücks mindestens 2 m entfernt sein.

8. Verordnung zur Durchführung des Bundesimmisionsschutzgesetzes (Rasenmäherlärm-Verordnung – 8. BImSchV)

in der Fassung der Bekanntmachung vom 13. Juli 1992 (BGBl. I S. 1248), geändert durch Artikel 31 des Gesetzes vom 27. April 1993 (BGBl. I S. 512) – Auszug

§ 6 Regelung des Betriebs

(1) Rasenmäher außer solchen im land- oder forstwirtschaftlichen Einsatz dürfen an Werktagen in der Zeit von 19.00 bis 7.00 Uhr sowie an Sonn- und Feiertagen nicht betrieben werden.

(2) Abweichend von Absatz 1 dürfen an Werktagen in der Zeit von 19.00 bis 22.00 Uhr Rasenmäher betrieben werden, die

1. nach § 5 mit einem Schalleistungspegel von weniger als 88 Dezibel (A), bezogen auf ein Pikowatt, gekennzeichnet sind, oder
2. vor dem 1. August 1987 erstmals in den Verkehr gebracht worden und mit einem Emissionswert von weniger als 60 Dezibel (A) gekennzeichnet sind.

(3) Die zuständige Behörde kann auf Antrag Ausnahmen von der Regelung des Absatzes 1 zulassen, soweit unter Berücksichtigung der besonderen Umstände des Einzelfalles schädliche Umwelteinwirkungen nicht zu befürchten sind.

(4) Weitergehende Bestimmungen, vor allem zum Schutz der Mittags- und Nachtruhe oder besonders empfindlicher Gebiete, bleiben unberührt.

§ 7 Ordnungswidrigkeiten

(1) Ordnungswidrig im Sinne des § 62 Abs. 1 Nr. 7 des Bundes-Immissionsschutzgesetzes handelt, wer vorsätzlich oder fahrlässig

1. Rasenmäher gewerbsmäßig oder im Rahmen wirtschaftlicher Unternehmungen in den Verkehr bringt, die
   a) entgegen § 2 Abs. 1 Nr. 1 in Verbindung mit § 3 Abs. 1 den zulässigen Schalleistungspegel überschreiten oder

b) entgegen § 2 Abs. 1 Nr. 3 nicht mit dem Schalleistungspegel gekennzeichnet sind, oder

2. Rasenmäher entgegen § 6 Abs. 1 betreibt.

(2) Ordnungswidrig im Sinne des § 9 Abs. 1 Nr. 1 des Gerätesicherheitsgesetzes handelt, wer vorsätzlich oder fahrlässig Rasenmäher gewerbsmäßig oder im Rahmen wirtschaftlicher Unternehmungen in den Verkehr bringt, die

1. entgegen § 2 Abs. 1 Nr. 1 in Verbindung mit § 3 Abs. 3 den zulässigen Schalldruckpegel am Bedienerplatz überschreiten oder
2. entgegen § 2 Abs. 1 Nr. 3 nicht mit dem Schalldruckpegel am Bedienerplatz gekennzeichnet sind.

§ 8 Inkrafttreten, Übergangsvorschriften

(1) *(Inkrafttreten)*

(2) Die §§ 2 bis 5 sind nicht anzuwenden auf Rasenmäher, die vor dem Inkrafttreten dieser Verordnung[1)] erstmalig in den Verkehr gebracht wurden. Satz 1 gilt entsprechend, wenn der Anwendungsbereich dieser Verordnung geändert wird; an die Stelle des Zeitpunktes des Inkrafttretens dieser Verordnung tritt dann der Zeitpunkt des Inkrafttretens der Änderungsverordnung.

1) Diese Verordnung ist in ihrer ursprünglichen Fassung am 1. August 1987 in Kraft getreten

STICHWORTVERZEICHNIS

(Die Zahlen bezeichnen die Seiten.)